ANALYSEN UND REFLEXIONEN
Band 9

Sybille Heidenreich
Martin Thunich

Max Frisch

Andorra
Biedermann und die Brandstifter

Interpretation und unterrichtspraktische Vorschläge

Joachim Beyer Verlag — 8607 Hollfeld/Ofr.

Die Reihe wird herausgegeben von Martin Thunich

5. durchges. u. erw. Auflage 1985

ISBN 3-88805-028-6

Druck: H. Neubert GmbH, Schloßberglein 2, 8580 Bayreuth

Inhalt

Es ist eine alte Einsicht, daher nicht weiter auszuführen: daß Weltliteratur nie entsteht aus Flucht vor der eigenen Art, sondern aus Darstellung der eigenen Art. Man kann den Menschen nur darstellen, wo man ihn erfahren hat.

Max Frisch

1 Lebens- und Werkabriß

Im Züricher Vorort Hottingen wurde Max Frisch am 15. Mai 1911 geboren. Seine Familie stammt nur zum Teil aus der Schweiz. Ein Großvater väterlicherseits kam aus Österreich, eine Linie mütterlicherseits wanderte aus Württemberg ein. In seinem „Tagebuch 1946–1949" schreibt Max Frisch im Park von Versailles: „... und schon mit seinem Sohn, meinem Großvater also, fing es an: er nannte sich Maler, trug eine erhebliche Krawatte, weit kühner als seine Zeichnungen und Gemälde;" (Max Frisch, Tagebuch, S. 202 ff.).
Frischs Vater war Architekt. Da es ihm selbst als Kind eines Sattlers versagt gewesen war, eine Fachschule zu besuchen, setzte er seinen Ehrgeiz darein, seine beiden Söhne als Akademiker zu sehen. Frisch ging auf ein Züricher Gymnasium und legte im Jahre 1930 mehr um der Eltern als um seiner selbst willen das Abitur ab, das er damals – so bemerkt er in seinem „Tagebuch" – als „überflüssig, förmlich, lächerlich und spießig erachtete".
Bereits in der Schulzeit zeichnete sich sein Theaterengagement ab. Frisch berichtet darüber: „Ich weiß nicht, warum ich von allen Kameraden der einzige war, der nie einen Karl May las, eigentlich auch keine anderen Bücher; außer Don Quixote und Onkel Toms Hütte, die mir unsäglich gefielen, aber genügten. Was mich unersättlicher begeisterte, war Fußball und später Theater. Eine Aufführung der Räuber, eine vermutlich sehr schwache Aufführung, wirkte so, daß ich nicht begriff, wieso Menschen, Erwachsene, die genug Taschengeld haben und keine Schulaufgaben, nicht jeden Abend im Theater verbringen. Das war es doch, das Leben."
Später sah er dann das erste moderne Schauspiel, das ihn auf den Gedanken brachte, daß man „auch heutzutage Stücke schreiben könnte". Wenige Wochen danach sandte Frisch, damals sechszehn Jahre alt, an Max Reinhardt in Berlin sein erstes Drama: „Stahl". Der Dichter erinnert sich: „Nach sieben langen Wochen, denen es nicht an verwegenen Hoffnungen fehlte, Friedrich Schiller war bei der Niederschrift seiner Räuber immerhin schon ein Achtzehnjähriger, kam das schöne Heft zurück, das ich auf einer gemieteten Maschine droben im Estrich getippt hatte; ein ausführlicher Bericht war dabei, den ich nicht begriff. Eine Einladung, spätere Arbeiten einzusenden, blieb das einzige, was ich

der schonungsvoll lächelnden Familie entgegenzuhalten hatte." Außerdem verfaßte der Jugendliche, der „noch nie ein Mädchen geküßt" hatte, eine Komödie der Ehe, ferner eine Farce über die Eroberung des Mondes und noch ein oder zwei weitere Schauspiele. „Das einzige, was die Welt von alledem anerkannte," stellt Frisch humorvoll in seinem „Tagebuch" fest, „war die Matur. Der Gang an die Universität war unvermeidlich ..."
Er studierte Germanistik in seiner Heimatstadt. Diese Zeit befriedigte ihn ganz und gar nicht. Rückblickend sieht er „zwei sonderbare Jahre, die ich in den Hörsälen, fast ebenso angeregt in den Gängen verbrachte, immer erwartungsvoll, einsam, voreilig im Urteil, unsicher, meistens in eine heimliche Liebe verstrickt, wovon die Geliebte nichts wußte. Gedichte gelangen nie ... Das zunehmende Gefühl aber, daß alles Gehörte ohne gemeinsame Mitte ist, das warenhaushafte Nebeneinander, das sich Universität nennt, all dies mochte ein durchaus wirkliches Gefühl sein, vielleicht sogar Erkenntnis; zugleich diente es aber auch als willkommene Ausrede für das eigene wissenschaftliche Unvermögen."
Mit zweiundzwanzig Jahren verlor er seinen Vater. Damals traten zum ersten Mal unmittelbare Existenzsorgen an ihn heran. Im Beruf des Journalisten fand er einen Broterwerb, der es ihm in freier Tätigkeit möglich machte, die Welt auf den verschiedensten Schauplätzen kennenzulernen. Frisch reiste. Zugleich beschrieb er, was man ihm auftrug; „nur Krematorien lehnte" er ab, wie er in seinem „Tagebuch" bemerkt. Und weiter: „In Prag fanden Weltmeisterschaften im Eishockey statt, ich meldete mich als Reporter, startete, nachdem ich meinen ersten Koffer erstanden, mit einer Barschaft von hundert Franken. Die Reise, die erste ins Ausland, führte weiter mit jedem Artikel, der zu Hause oder in Deutschland gedruckt wurde, über Ungarn und kreuz und quer durch Sibirien, Bosnien, Dalmatien, wo ich, bald mit deutschen Auswanderern befreundet, einen ganzen Sommer verbrachte, tagelang an der Küste umhersegelte, ledig jeder Pflicht, frei, bereit für die Gegenwart; das ist denn auch meine eigentliche Erinnerung an die Jugend."
Weiter ging es ans Schwarze Meer, nach Konstantinopel, dann zur Akropolis und als Fußwanderer durch das mittlere Griechenland. Die Reiseerlebnisse fanden in einem ersten

Roman seinen Niederschlag, in „Jürg Reinhart, Eine sommerliche Schicksalsfahrt". Es ist gewiß kein Zufall, daß der Name des Helden derselbe ist wie in Gottfried Kellers „Sinngedicht". Frisch hat sich ausdrücklich zu diesem schweizerischen Dichter bekannt, dessen „Grünen Heinrich" er selber seinen „besten Vater" nannte. Der Roman „Jürg Reinhart" wurde später in den Roman „Die Schwierigen oder J'adore ce qui me brûle", der 1943 erschien, wieder aufgenommen. Denn das Frühwerk fiel, gemeinsam mit der 1937 ebenfalls in der Deutschen Verlagsanstalt Stuttgart erschienenen Erzählung „Antwort aus der Stille" und allem übrigen bis dahin Geschriebenen einer Bücherverbrennung zum Opfer, zu der sich Frisch zugleich mit dem heimlichen Gelübde entschloß, nicht mehr zu schreiben. Das Zerstören aller seiner Jugendwerke, auch seiner Tagebücher, an einem regnerischen Tag im Wald entließ ihn mit dem „Gefühl der Erleichterung, auch der Leere."

In kritischer Distanz zu sich selbst hatte Frisch einsehen gelernt, „was es mit dem literarischen Journalismus auf sich hat, wohin es führt, wenn man auch zu Zeiten, wo man nichts zu sagen hat, ins Öffentliche schreibt, um leben zu können". Er ging mit fünfundzwanzig Jahren erneut auf die Schulbank zurück. Eine Freundin, die er heiraten wollte, überredete den jungen Dichter, daß er „vorerst etwas werden müßte. Sie sagte nur, was ich selber dachte; immerhin war es ein Schock, zum erstenmal die ernsthafte Vorstellung, daß das Leben mißlingen kann."

Ein Freund erbot sich, vier Jahre lang für den Lebensunterhalt von Max Frisch aufzukommen. Er studierte an der Eidgenössischen Technischen Hochschule Architektur. Was ihn zu diesem Beruf bewogen hatte, war diesmal das „Unpapierne, Greifbare, Handwerkliche, die stoffliche Gestalt, und erst das wirkliche Bauen, vor allem die Verwirklichung eigner Entwürfe konnte zeigen, ob nicht auch dieser zweite Anlauf verfehlt war". 1941 erwarb er sein Diplom. Doch zuvor wurde er zum militärischen Grenzdienst einberufen. Dieser Zeit, „etwas über fünfhundert Diensttage, meistens im Tessin, später im Engadin", ist die endgültige Wiederaufnahme seiner schriftstellerischen Tätigkeit zu verdanken. Er schrieb ein Tagebuch, das er 1940 unter dem Titel „Blätter aus dem Brotsack" veröffentlichte. In seinem späteren Tagebuch erklärt er dazu: „Die Erinnerung an einen Haupt-

mann, der mich nicht ausstehen konnte, was sein gutes Recht ist, und der mir am dritten September ins Gesicht sagte, er werde mich schon auf einen geeigneten Posten schicken, wenn es losginge, möchte ich nicht unter den vaterländischen Tisch fallenlassen; erst nach Jahren habe ich begriffen, daß ich diesem Offizier ein entscheidendes Erlebnis verdankte. Die Gelegenheit, über Leben und Tod zu verfügen, bekam er allerdings nicht; die Grenze blieb ruhig."
Carol Petersen sieht in diesem Tagebuch im Keim den ganzen Max Frisch. „Der über Landesgrenzen hinweg brüderliche Mitmensch und der Schweizer Weltbürger treten uns bereits hier entgegen ... Erbitterung und Haß hätten menschlich verständlich sein müssen, wären sie in Frischs Tagebuch zum Ausdruck gekommen. Doch geht aus seinem Werk einhellig hervor, daß jede Form von Haßgesinnung ihm völlig wesensfremd ist, so wenig er gleichzeitig mit der nationalsozialistischen Weltanschauung sympathisierte." Die „Blätter aus dem Brotsack" sind nach Meinung Carol Petersens auch deshalb eindrucksvoll, weil sie in einer im höchsten Grade vorurteilsvollen Zeit Frischs völlige Vorurteilsfreiheit aufzeigen. (Carol Petersen, Max Frisch, S. 13)

Bei Max Frisch stimmt keineswegs das Wort vom Propheten, der in seiner Heimat nichts gilt. Im Jahre 1938, lange vor seinen großen Werken, wurde ihm der Conrad-Ferdinand-Meyer-Preis der Stadt Zürich verliehen. Nach dem Erwerb des Architektendiploms gewann er einen öffentlichen Wettbewerb seiner Heimatstadt um den Bau des Freiluftbades Letzigraben. Der Auftrag gab ihm die Mittel, ein eigenes Architekturbüro zu eröffnen. 1942 heiratete er die Architekturstudentin Constanze von Meyenburg, nachdem er zusammen mit ihr ein erstes Haus erbaut hatte. In der Ehe, die 1959 geschieden wurde, kamen ein Sohn und zwei Töchter zur Welt.

Im Jahre seiner Heirat arbeitete Frisch an seinem ersten großen Roman „Die Schwierigen oder J'adore ce qui me brûle". Wie bereits zuvor gesagt, ist er eine erweiterte Neufassung des verbrannten Frühwerkes „Jürg Reinhart". „Doch ist dieser Roman, der 1943 erschien, auch nach zehn weiteren Jahren immer noch ein typisches Jugendwerk mit allem zugleich Liebenswerten und Unvollkommenen eines solchen. Liebenswert in seines Helden, Jürg Reinhart, vehementen Nein zur bürgerlichen Lebensnorm, in seinen mehrfachen

Ansätzen, eigenständig und unabhängig zu leben, in den teils üppigen, die Naturschönheiten der Schweiz verlebendigenden Landschaftsfarben; unvollkommen in Jürg Reinharts endlichem Wegwerfen des Lebens, da es ihm nicht gelingt, dieses wirklich zu ergreifen oder, um es in echter Frisch-Konzeption zu sagen, zur Identifizierung mit sich selbst zu kommen", urteilt Carol Petersen. (a. a. O., S. 17)

Der Dramaturg des Zürcher Schauspielhauses, Kurt Hirschfeld, ermunterte Frisch nach der Lektüre des Romans, es einmal mit einem Theaterstück zu versuchen. Ansonsten war das Echo auf dieses Werk gering. Ihm folgte eine kleine lyrische Träumerei in Prosa „Bin oder die Reise nach Peking". Sie erschien 1945, nachdem er sich ein Jahr lang damit beschäftigt hatte. „Bin" ist des Dichters „Geist-Hälfte", der er sich einmal gegenüberstellt, um am Ende noch besser zu wissen, daß sie gar nichts anderes sein könnte als ein Teil seiner selbst. Dazu wieder Carol Petersen: „Mit dieser kleinen, makellos schönen 'Träumerei' hat Frisch den Grund gelegt für den ganzen weiteren Bau seiner Dichtung, in der es an letzter Hoffnung auf die Regeneration auch des abendländischen Menschen nicht fehlt ... Wo er weiterhin Schicksale vor uns ausbreitet, sehen wir ihre Träger in untrennbarer Verwobenheit von Denken und Handeln, von Wirklichkeit und Traum, im Ineinander zeitlicher und räumlicher Einheiten." (a. a. O., S. 26)

Mehrere Jahre lang ist Frisch gleichzeitig als Schriftsteller und als Architekt tätig. Sein Büro behielt er bis 1952 bei. Der Bau für das Freibad „Letzigraben" wurde in den Jahren 1947 bis 1949 durchgeführt. In seinem „Tagebuch 1946–1949" berichtet er oft anschaulich vom Fortgang der Arbeiten an dem Bad. In ihm wird deutlich, welch wichtige Stellung gerade das architektonische Werk in seinem damaligen Lebensabschnitt einnahm. Das Freibad blieb bis heute Frischs einziges großes Bauwerk. Der Beruf des Architekten hat jedoch seine schriftstellerischen Arbeiten durchaus befruchtet. Zu seinem beruflichen Doppelleben meint Frisch selbst im „Tagebuch": „Die Ausübung eines doppelten Berufes, Schriftsteller und Architekt, ist natürlich nicht immer leicht, so manche segensreichen Wirkungen er haben mag. Es ist eine Frage nicht so sehr der Zeit, aber der Kraft. Segensreich empfinde ich das tägliche Arbeiten mit Männern, die nichts mit Literatur zu schaffen haben; hin und wieder wissen sie, daß ich 'dichte', aber nehmen es nicht übel, sofern die andere Arbeit in Ordnung ist."

Als erste Bühnendichtung entstand 1944 die Romanze „Santa Cruz". Sie wurde im März 1946 durch Heinz Hilpert in Zürich uraufgeführt. Es ist das Spiel einer Frau zwischen zwei Männern; in sieben Tagen des Nacherlebens werden 17 vergangene Jahre lebendig. In der Bühnendichtung wird das Ineinandergleiten von Zeiten und Räumen vollzogen. Frisch schrieb dazu im Programmheft zur Premiere: „Denn erst da, wo sich ein Damals und ein Heute in unserem Erleben begegnen, erst da, wo die Wiederholung uns dazu verhilft, gewinnen wir die Erkenntnis, daß wir offenbar ein Schicksal haben ... Das Damals und das Heute: beide zusammen gemeint als das Immer".

Ein halbes Jahr später, ebenfalls in wenigen Wochen verfaßt, folgte der Versuch eines Requiems: „Nun singen sie wieder". Es gelangte Ostern 1945 als erstes Stück von Max Frisch, noch vor „Santa Cruz", auf die Bühne. Im „Tagebuch 1946–1949" heißt es dazu: „Die Zeit der Proben, die Kurt Howitz mit sachlicher Hingabe leitete, war vielleicht die holdeste, die das Theater überhaupt zu vergeben hat, die erste Begegnung mit dem eignen, von leiblichen Gestalten gesprochenen Wort." Es ist ein politisches Stück, wenn auch mit großem Abstand verfaßt. Frisch selbst erläutert: „Das Stück ist nicht aus der vermessenen Absicht entstanden, dem deutschen Volk zu raten, sondern einfach aus dem Bedürfnis, eine eigene Bedrängnis loszuwerden." Ein deutscher Soldat muß 21 Männer erschießen. Ihr Gesang bis zum Augenblick des Todes läßt ihn nicht zur Ruhe kommen. Unter der Last der persönlichen Verantwortung und Schuld, die er nicht dadurch ablegen kann, daß alles auf Befehl geschehen ist, erhängt er sich.

Als Ergebnis einer Reise in das zerstörte Deutschland entstand ein drittes Bühnenstück, „Die chinesische Mauer", eine – wie Frisch es in seinem „Tagebuch" bezeichnet – „bereits ziemlich verzweifelte Farce". Es gelangte im Herbst 1946 gleichfalls im Zürcher Schauspielhaus zur ersten Aufführung. Neugefaßt wurde das Werk im Jahre 1955, das dann in Berlin herauskam. Das Stück ist eine Allegorie, in der alle Ordnungen des Raums und der Zeit aufgehoben werden, eine Art Weltgeschichte als Karussell. Frisch zeigt die Gefahren durch die Macht: „Die Sintflut ist herstellbar ...

Wir stehen vor der Wahl, ob es eine Menschheit geben soll oder nicht ... Eine Gesellschaft, die den Krieg als unvermeidlich erachtet, können wir uns nicht mehr leisten." Es ist ein pessimistisches Stück, da alles letzten Endes beim alten bleibt, auch typisch für Frisch, der nicht Hoffnungen wecken will und selbst wohl auch keine Hoffnungen hegt, daß die Welt sich bessere.

Dem Stück folgen weite Reisen in alle nachbarlichen Länder. Frisch begründet sie mit dem Verlangen, Zeitgenossen anderer Länder kennenzulernen. „In einer Welt, die auf Vorurteile verhext ist, scheint mir das eigene persönliche Anschauen äußerst wichtig." Dieses Anschauen schlug sich im ersten Teil eines Tagebuches nieder, das unter dem Titel: „Tagebuch mit Marion" erschien. Das „Tagebuch 1946–1949" ist die erweiterte Form dieser Aufzeichnungen. „Marion" ist wieder als „Alter ego" des Dichters und nicht als Mädchenname zu verstehen. In dem Werk, dessen endgültige Form 1950 veröffentlicht wurde, haben Erzählfragmente, Erlebnisse und Gedanken Eingang gefunden. Manche der späteren Werke wie auch „Andorra" und „Biedermann und die Brandstifter" sind hier bereits als Ideen vorgeformt. Zum Sinn eines Tagebuches lassen wir den Dichter selbst wieder zu Wort kommen: „Wir leben auf einem laufenden Band, und es gibt keine Hoffnung, daß wir uns selber nachholen und einen Augenblick unseres Lebens verbessern können. Wir sind das Damals, auch wenn wir es wegwerfen, nicht minder als das Heute – Die Zeit verwandelt uns nicht. Sie entfaltet uns nur. Indem man es nicht verschweigt, sondern aufschreibt, bekennt man sich zu seinem Denken, das bestenfalls für den Augenblick und für den Standort stimmt, da es sich erzeugt. Man rechnet nicht mit der Hoffnung, daß man übermorgen, wenn man das Gegenteil denkt, klüger sei. Man ist, was man ist. Man hält die Feder hin, wie eine Nadel in der Erdbebenwarte, und eigentlich sind nicht wir es, die schreiben; sondern wir werden geschrieben. Schreiben heißt: sich selber lesen. Was selten ein reines Vergnügen ist; man erschrickt auf Schritt und Tritt, man hält sich für einen fröhlichen Gesellen, und wenn man sich zufällig in einer Fensterscheibe sieht, erkennt man, daß man ein Griesgram ist. Und ein Moralist, wenn man sich liest. Es läßt sich nichts machen dagegen. Wir können nur, indem wir den Zickzack unserer jeweiligen Gedanken bezeugen und sichtbar machen, unser Wesen kennenlernen, seine Wirrnis oder seine heimliche Einheit, sein Unentrinnbares, seine Wahrheit, die wir unmittelbar nicht aussagen können, nicht von einem einzelnen Augenblick aus." (a. a. O., S. 19)

Das 1949 wiederum in Zürich uraufgeführte Drama „Als der Krieg zu Ende war" handelt ein für Max Frisch zentrales Thema ab, das biblische Gebot: „Du sollst Dir kein Bildnis machen". In seinen Anmerkungen zum Stück betont der Dichter: „Im Vordergrund . . . steht eine Liebe zwischen einer deutschen Frau und einem Russen, die, auch wenn man sie als Ehebruch bezeichnen mag, das Gegenteil jener Versündigung darstellt und insofern heilig ist, als sie das Bildnis überwindet." Das Bildnisthema taucht hier erstmals in einem ganzen Stück verdichtet auf, auch wenn es zuvor in seinem „Tagebuch" mehrfach angeklungen ist. In „Als der Krieg zu Ende war" greift Frisch eine Begebenheit auf, von der er bei einem Besuch im Nachkriegs-Berlin erfuhr. Ihn fesselte an diesem Fall, daß er „eine Ausnahme darstellt, ein Besonderes, einen lebendigen Widerspruch gegen die Regel, gegen das Vorurteil." Eine Frau, die durch die Gunst der russischen Besatzer ihren Mann, einen ehemaligen deutschen Offizier, zu schützen versucht, erlebt eine echte Liebesbeziehung zu einem sowjetischen Obersten, obwohl keiner die Sprache des anderen versteht. Die Liebe endet aus Rücksichtnahme des Russen auf die Frau, die sich in der Erstfassung das Leben nimmt. 1962 verkürzte Frisch das Stück, an dem er in den Jahren 1947/48 gearbeitet hatte, um den dritten Akt. In der Schweiz gab es zunächst wegen des Stückes sogar Mißfallenskundgebungen, weil man Max Frisch als Anwalt des Nazi-Deutschlands mißverstand.

Das Exposé zu dem wohl umstrittensten Stück Frischs, dem „Graf Öderland", finden wir ebenfalls im „Tagebuch". Der Dichter hat dieses Werk dreimal bearbeitet. Seit 1961 liegt es in der endgültigen Fassung vor. Die Uraufführung fand erneut in Zürich, die der Neufassung in Berlin 1965 statt. Der Held des Stückes will durch die Aufgabe aller Bindungen der Enge der bürgerlichen Normen entfliehen und wird schließlich mit einer Axt zum Mörder. Er glaubt, als Gewaltmensch Freiheit und Selbsterfüllung finden zu können. Frisch selbst hat deutlich gemacht, daß er „Graf Öderland" nicht etwa als eine Hitler-Allegorie verstanden wissen will. Friedrich Dürrenmatt – einer der Kritiker der „Moritat in zwölf Bildern" – hat ein hartes Urteil über „Graf Öderland" gefällt. 1951 schrieb Dürrenmatt, das kühne Unternehmen, diese Gestalt zu verdichten, sei gescheitert. „Nicht Frischs Dramatik hat bei Öderland versagt, die Dramatik selbst hat vor Öderland versagt. Der Untergang war mathematisch vorauszuberechnen, sicher nicht von Frisch, der hypnotisiert von seiner Vision den Wurf wagte, aber vom Zuschauer. Der Fehler liegt nicht in Frischs Kunst, ... er liegt in der Gestalt des Öderland selbst, ... deren Bedeutung durch die Bühnenfassung ... nicht zu erreichen ist ... Sein Beil hat als erstes das Stück zerschlagen ... Das Schicksal Öderlands, das ihm Frisch gegeben hat, ist, genau gesprochen, die Sinnlosigkeit des Beils."

Und Friedrich Luft meinte 1961 zur Neufassung in der „Welt": „Sobald der beiltragende Staatsanwalt mit den Gestalten am Regierungsbuffet zusammenstößt, geht der Druck ins Leere. Der Dramatiker stellt dem tragischen Helden Popanzen entgegen, Kabarettfiguren der Macht. Damit schädigt er seinen Helden ... Frisch sollte diesen deutlichen Defekt noch beheben." (in Beckermann, Über Max Frisch, S. 110 f.)

Nach der Züricher Uraufführung des „Graf Öderland" erhielt Frisch im Jahre 1951 von der Rockefeller-Stiftung in den USA ein Stipendium für einen einjährigen Studienaufenthalt in den Vereinigten Staaten. Dieser Amerika-Besuch erschloß ihm neue Dimensionen, persönlich und in seiner Arbeit.

Noch in New York schrieb Frisch an seiner nächsten Arbeit, der Komödie „Don Juan oder die Liebe zur Geometrie". Das Stück wurde 1953 gleichzeitig in Zürich und Berlin uraufgeführt. Es wurde ebenfalls vom Dichter mehrfach verändert, zum letztenmal 1962. Carol Petersen sieht im Frisch'schen „Don Juan" folgenden Unterschied zu den bis dahin vorliegenden Bearbeitungen dieser Gestalt: „Doch setzt er der ... Weibverfallenheit als höchster Lust des Helden eine neue, konträre Auffassung entgegen: die vom Narziß und Frauenverächter, der verbindliche Beziehungen mit Frauen nicht eingehen will, da diese ihn nur von seiner wahren Leidenschaft abhalten würden: von der Leidenschaft für die Geometrie." (a. a. O., S. 63) Bei Frisch wird Don Juan am Ende nicht vernichtet wegen seiner Schuld, sondern er läßt ihn Hochzeit feiern. Der Dichter selbst meinte dazu:

„Kommt doch das Ungewöhnliche gern an einen Punkt, wo es dem Gewöhnlichen verzweifelt ähnlich sieht."
Nach den sechs Schauspielen wandte sich Frisch wieder der Arbeit am Roman zu. 1953 schrieb und ein Jahr später veröffentlichte er „Stiller". Es ist der Roman eines Menschen, der sich nicht mit sich selbst identifizieren will, in eine fremde Rolle schlüpft und hin- und hergerissen bleibt zwischen seinem Traum und der Wirklichkeit, gespalten in allen menschlichen Kontakten und schließlich allein. Wieder eine Kritik von Frischs Landsmann Friedrich Dürrenmatt: „Und doch eben darum, weil Frisch mit Stiller nicht irgendwen, sondern sich selbst meint, peinlich ... In Form des Romans ist eben keine Selbstdarstellung, kein Aufklären seiner eigenen Situation möglich, nicht einmal ein Selbstgericht, ... Auch daß nur wenige wüßten, daß sich Frisch mit Stiller selbst meinen würde, könnte daran nichts ändern –." (in Beckermann, a. a. O., S. 9f.)
Walter Jens wiederum meint: „Welch ein vielschichtig-reiches, unerschöpfliches Buch! Aus dem Wechselspiel von Subjekt und Objekt, Nähe und Ferne, Vergangenheit und Gegenwart, aus den dialogischen Szenen, den epischen – stets legitimierten! – Rapporten und den glühend-exotischen Lyrismen ... entsteht ... das Portrait eines Menschen und einer Zeit." (ebenda, S. 22)
Das Ergebnis des Romans waren drei Preise: 1955 der Wilhelm-Raabe-Preis der Stadt Braunschweig, im selben Jahr der Schiller-Preis der Schweizer Schiller-Stiftung und 1956 der Welti-Preis für das Drama der Stadt Bern. Nach Erscheinen des „Stiller" löste Frisch sein Züricher Architektenbüro auf und arbeitete nunmehr ausschließlich als freier Schriftsteller. 1956 folgte eine zweite Reise auf den amerikanischen Kontinent, die neben den Vereinigten Staaten Mexiko und Yukatan einschloß. Wohl angeregt durch die neuen Erlebnisse schrieb Frisch einen neuen Roman, „Homo Faber", dem ein größerer Erfolg als dem „Stiller" beschieden war.
In der Ich-Form erzählt das Buch das Schicksal eines Vertreters des 20. Jahrhunderts, eines Mannes der Technik, der jederlei Mystik ablehnt. Er ist ein unentwegt beruflich Reisender, der durch vielerlei Zufälle seine uneheliche Tochter Sabeth trifft, die er nicht kennt und in die er sich verliebt. In Griechenland stirbt das Mädchen, er selbst fällt seinem Magenkrebs zum Opfer.

Carol Petersen erläutert: „Griechenland als der alle Konflikte auflösende letzte Schauplatz dieser kühn entworfenen, verschiedenartigste Lebensbereiche aufschließenden Handlung trägt unwillkürlich das Bewußtsein antiker Schuld- und Sühne-Vorstellung an den Leser heran... Wunderbar, ... wie die Irrtümer seines Weltbildes transparent zu werden beginnen, auch der Irrtum seiner hochmütigen Einsamkeit, ohne den die fatale Zerstörung von Sabeths Leben nicht geschehen wäre, und die Egozentrik der Lebensführung, in der diese trotzige Einsamkeit zuletzt sich versteifte; und zuletzt die moderne Fassung und Form der Entsühnung durch den Tod, vorweggenommen in den letzten Zeilen, die Faber aufschreibt... Ein Mensch, der sich solcherart aufgibt und dem Tode stellt, kann als Geläuterter gelten im Sinne antiker Weltfrömmigkeit..." (a.a.O., S. 73f)
Dem Roman „Homo Faber" folgt nach einer Reise durch die arabischen Staaten die einaktige Szenenfolge „Biedermann und die Brandstifter." Die Idee dazu ist bereits wieder in seinem „Tagebuch" enthalten und hatte später, im Jahre 1953, in einem Hörspiel Gestalt gewonnen. Mit diesem „Lehrstück ohne Lehre", wie Max Frisch selbst es nennt, gerät der Dichter in die Nähe des absurden Theaters.
Abendfüllend ergänzt wurde das Stück durch den Schwank „Die große Wut des Philipp Hotz", mit dem zusammen es 1958 in Zürich uraufgeführt wurde. Bei der deutschen Erstaufführung in Frankfurt am Main wurde „Biedermann und die Brandstifter" erstmals mit einem in der Hölle handelnden Nachspiel gezeigt.
1958 wurde Frisch erneut dreimal geehrt: für den Roman „Homo Faber" in Lausanne mit dem Charles-Veillon-Preis, in Darmstadt mit dem Georg-Büchner-Preis und in Zürich mit dem Literaturpreis seiner Heimatstadt. Zwei Jahre später – nach seiner Ehescheidung – verlegte Frisch seinen Wohnsitz nach Rom. Die Metropole Italiens sollte fünf Jahre lang sein Domizil bleiben. 1960 fuhr er – ein drittes Mal – nach Amerika.
Anschließend veröffentlichte Frisch – im Jahre 1961 – ein weiteres Drama, „Andorra". Andorra ist hier der Name für ein Modell (Frisch). Erneut greift Frisch darin das Bildnis-Thema auf; konsequent führt die vorurteilsbehaftete Ablehnung eines scheinbar anderen zu dessen Mord. Das Werk,

das dem Schauspielhaus Zürich gewidmet ist, erfuhr dort auch seine Uraufführung.
1962 erhielt der Dichter die Ehrendoktor-Würde der Philipps-Universität in Marburg, ein Jahr danach den Literaturpreis von Nordrhein-Westfalen. Nach dem Erscheinen seines letzten Romans, „Mein Name sei Gantenbein", wurde Frisch 1965 mit dem Preis der Stadt Jerusalem und dem Schiller-Preis des Landes Baden-Württemberg ausgezeichnet.
„Mein Name sei Gantenbein" – der Held des Romans ist erneut ein einsamer Mensch, erneut arbeitet Frisch mit dem Mittel der Verfremdung; Gantenbein schlüpft für die Umwelt in die Rolle eines Blinden, ist jedoch sehend. Gantenbein ist ein verschlüsseltes Bild des Dichters selbst, der ihn sagen läßt: „Ein Mann hat eine Erfahrung gemacht, jetzt sucht er die Geschichte seiner Erfahrung."
Frisch selbst hatte 1961 in den „Werkstattgesprächen" gegenüber Horst Bienek die Ich-Form des Romans folgendermaßen erläutert: „Das ist eine Grundfrage der modernen Epik. Ganz vordergründig gesprochen: natürlich ist das Erzähler-Ich nie mein privates Ich, natürlich nicht, aber vielleicht muß man schon Schriftsteller sein, um zu wissen, daß jedes Ich, das sich ausspricht, eine Rolle ist. Immer. Auch im Leben ... Jeder Mensch erfindet sich früher oder später eine Geschichte, die er, oft unter gewaltigen Opfern, für sein Leben hält ..."
1965 schlug Frisch seinen Wohnsitz im Tessin auf. Es folgten Reisen in die Sowjetunion, nach Japan, erneut nach Amerika. Sein Drama „Biografie: Ein Spiel" erschien 1967. Ein Verhaltensforscher erprobt gedanklich, wie er sein Leben anders hätte gestalten können. Da jedoch auch dieser Versuch im Bereich der Vorstellung zu keinem glücklicheren Ende führt, findet er sich mit seinem wirklichen Los ab.
1971 wurde „Wilhelm Tell für die Schule" veröffentlicht. Frisch beschäftigt sich darin mit einem der klassischen schweizerischen Mythen, nämlich der Tell-Sage. Seit Schillers dramatischer Fassung dieses Stoffes gilt sie als Musterbeispiel für die Behauptung des Freiheitswillens gegenüber Unterdrückung und staatlicher Willkür. Und seither wird an den Schulen der Tell in der Schillerschen Interpretation unverändert gepflegt. Max Frisch erzählt den Tell-Stoff auf die ihm eigene Weise neu. Dabei mag ihn als Schweizer das Thema mehr gereizt als fasziniert haben. Frisch demontiert

nämlich das nationale Heiligtum und durchleuchtet es ebenso humorvoll wie kritisch aus der Sicht des Jahres 1970.
Eines der zuletzt erschienenen Werke Frischs ist – wiederum – ein Tagebuch. Es umfaßt die Jahre 1966 bis 1971. Zwangsläufig drängen sich bei der Lektüre Vergleiche mit dem „Tagebuch 1946–1949" auf. Auffällig ist dabei, daß der Autor seine Gegenstände weniger engagiert, kühler und bisweilen sogar artifizieller angeht. Auch dieses Tagebuch vermittelt aufschlußreiche Einblicke in die Gedankenwelt Frischs, aber es macht zugleich auch deutlich, wie sehr sich sein Denken seit 1949 – natürlich! – geändert hat. Bemerkenswert ist, daß sich Frisch selbst gegen die Veröffentlichung dieses weiteren Tagebuchs lange gesträubt hat. Vielleicht hatte er allein am besten erkannt, daß er sich seinem Leser in diesem Tagebuch nicht mehr so unmittelbar und ursprünglich mitteilen kann und daß die Kommunikation komplizierter geworden ist.
Als bedeutendstes und bei aller Knappheit wohl gewichtigstes Buch des Spätwerks erscheint 1975 „Montauk". Der Autor manipuliert hier keine Realität wie in früheren Werken, über die er ausführt: „Ich habe mir mein Leben verschwiegen. Ich habe irgendeine Öffentlichkeit bedient mit Geschichten." Im Montagestil stellt Frisch literarisch die Allgegenwart wichtiger Lebensmomente her und weicht nicht mehr in Erfindungen aus, da er die Notwendigkeit negiert, Ereignisse erfinden zu müssen, die exemplarischer sind als die Realität. Durchaus ein autobiographischer Text, berichtet „Montauk" in kunstvoller Komposition nur vordergründig von der erotischen Beziehung eines dreiundsechzigjährigen Autors aus Europa zu einer jungen Amerikanerin; „Montauk" handelt von der Liebe, von der Vergänglichkeit und ist zugleich Bilanz eines Manneslebens: „Es wird Zeit, nicht bloß an den Tod zu denken, sondern davon zu reden."
1978 erscheint Frischs Bühnenstück „Tryptichon", in dem der Autor versucht, Geschichten, die das Leben ausmachen, auf die Bühne zu bringen. Jedoch meint Frisch am Ende dieser Arbeit für das Theater: „Das ist für mich eine Sackgasse, es ist kein produktiver Weg mehr."
Den Montagestil bis ins Druckbild vorantreibend, erzählt Max Frisch im Jahre 1979 von den letzten Alltagen eines Mannes, der in einem kurzfristig von der Umwelt abgeschnittenen Tessiner Bergdorf Todesnähe und Isolation des Alters erlebt.

„Der Mensch erscheint im Holozän", so lautet der Titel „und verschwindet wieder im Atomzeitalter", so möchte man nach Lektüre dieser Erzählung ergänzen.
In seinem letzten Prosastück „Blaubart" (1982) wird ein vierundfünfzigjähriger Mann mangels Beweisen von der Anklage, seine Frau ermordet zu haben, freigesprochen und lebt nun wieder in Freiheit. In der Retrospektive wiederholen sich Szenen aus dem Gerichtssaal im Kopf dieses Mannes und offenbaren ihm: „Es gibt kein gemeinsames Gedächtnis". Immer wieder wird hier der Kontrast zwischen dem Bild, das einer von sich selbst hat, und dem Bild, das sich andere von ihm gemacht haben, konstatiert.
Die drei Prosaerzählungen des Spätwerks zeigen, daß Frisch Abstand von seinem bisher benutzten stilistischen Instrumentarium genommen hat und sich auf die Problematik konzentriert, wie weit sich der Erzähler als Arrangeur zurückziehen darf. So ist sein episches Spätwerk frei von bramarbasierenden Passagen und auf das Nötigste beschränkt.

2 Max Frisch im Spiegel zeitgenössischer Kritik

„Max Frisch ist sympathisch. Niemand, wo auch immer man fragt, scheint ihm zu zürnen, alle schätzen ihn und glauben sich von ihm geschätzt.“ So charakterisiert Joachim Kaiser den Menschen Max Frisch. (in Beckermann, a. a. O., S. 43)
Frischs Werk zu definieren, zu kategorisieren, ist schwer. „Gehört Frisch zu den sogenannten unerfreulichen Autoren? ... Zu den Destruktiven, die nichts als das Negative sehen?“ fragt Helmut Heissenbüttel und antwortet selbst: „Man kann Frisch als einen Schriftsteller bezeichnen, der ... keine Tendenz habe als die, seinen Figuren Freiheit zu lassen ... Seine Erzählung, seine Rede ist nicht stilisiert. Er erzählt beiläufig, locker, allgemein verständlich, manchmal ein wenig ausschweifend, dennoch immer auf das Wesentliche der Erzählung, der Rede gerichtet, dabei mit Humor, immer bemüht, nicht allzu ernsthaft zu erscheinen, Verbissenheit, Starre zu vermeiden ... Was erzählt er? Nicht das Aktuelle, so wie es in seiner Aktualität erscheint. Er ist kein Chronist. Selbst das „Tagebuch“, das von chronistischen Berichten durchsetzt ist, mündet immer wieder in die Parabel, das Gleichnis, die Fabel. Frisch sucht die Situation zu fassen im Gleichnis, in der Verwandlung.“ (ebenda, S. 58 ff.)
Fragen wir Frisch selbst dazu. In eben diesem so oft zitierten „Tagebuch“ heißt es zur Schriftstellerei: „Jedes Erlebnis bleibt im Grunde unsäglich, solange wir hoffen, es ausdrücken zu können mit dem wirklichen Beispiel, das uns betroffen hat. Ausdrücken kann mich nur das Beispiel, das mir so ferne ist wie dem Zuhörer: nämlich das erfundene. Vermitteln kann wesentlich nur das Erdichtete, das Verwandelte, das Umgestaltete, das Gestaltete – weswegen auch das künstlerische Versagen stets mit einem Gefühl von erstickender Einsamkeit verbunden ist.“ (Tagebuch, a. a. O., S. 301)
Auch Joachim Kaiser stellt bei Frisch eine gewisse Tendenzlosigkeit fest. „Max Frisch ist mutig genug, in den Raum der Freiheit, ja der Grenzenlosigkeit, den er für seine Geschöpfe erbauen möchte, keine Thesen, keine positiven Ratschläge hineinzustellen. Macht Euch kein Bildnis, sondern laßt leben, predigt er ... Über den Bildersturm hinaus fehlt das 'positive' Ziel, fehlen Richtung und Hinordnung.

Dieser Autor hat sich festgelegt nur auf das Thema des Sich-Nicht-Festlegens". (in Beckermann, a. a. O., S. 45)
Max Frisch gehört zur mittleren Generation der Moderne. Er findet sich der besonderen Problematik des 20. Jahrhunderts gegenübergestellt und weicht ihr auch keineswegs aus. Doch seine Zeitanspielungen sind keine Zeitbezüge. Was Frisch zu sagen hat, hätte auch in vorigen Jahrhunderten und hat voraussichtlich ebenso in der Zukunft – auf den einzelnen Menschen bezogen – seine Gültigkeit und seinen Wert. Ob manche seiner Stücke jedoch auf Dauer von der äußerlichen Aktualität her verständlich und engagierend sind, wird sich erweisen. Aber auch die Stücke eines Schiller, eines Goethe, eines Kleist, eines Molière oder die antiken Dramen spielen in ihrer Welt, greifen die jeweiligen Probleme des Zeitalters heraus und bleiben doch – hinsichtlich ihres Gehalts für das Individuum – modern.
Kaiser meint: „Überhaupt hat Modernität nicht nur einen experimentellen, formalen, beinahe etwas modischen Sinn. Sondern es gibt auch eine Modernität der Probleme, eine strenge, Gegenwärtiges betreffende und heimholende Zeitgenossenschaft des Inhalts. Da wird der Verfasser daran gemessen, was er entdeckt, betont, auswählt; wo er spekuliert und wo nicht. In diesem Sinne schreibt Max Frisch modern." (ebenda, S. 50)
Und bei Heissenbüttel heißt es: „Frischs Werk ist doppelgesichtig. Er kann traditionell begriffen werden. Er kann gelesen werden als ein Autor, der außerhalb und jenseits dieser ganzen finsteren, destruktiven und unerfreulichen Moderne steht. Und auf der anderen Seite, gräbt man ein wenig tiefer, versucht man wirklich zu verstehen, was da verhandelt wird, eine Welt, in der nichts mehr stimmt, in der den Figuren wie dem Autor langsam, aber unausweichlich der Boden unter den Füßen weggezogen wird." (in Beckermann, a. a. O., S. 65) Frisch selbst hat einmal gesagt, er gehöre zu den Schriftstellern, die versuchten, das Leben schreibend zu bestehen.
Wie weit ist Frisch als Schriftsteller von seiner Heimat beeinflußt worden? Frisch hat sich oft zu seinem Vaterlande geäußert, hat in den schweizerischen Dichtern Albin Zollinger und Gottfried Keller zwei Einflüsse erfahren, die nicht zu verleugnen sind und die er selbst immer wieder betont hat. Wenn man ihn aus „Andorra" und aus dem „Bieder-

mann“ richtig versteht und wenn er selbst den Anspruch dieser Stücke für sich geltend gemacht hat, kann er die Enge der Nationalität, des Staates nur als Gefängnis verstanden haben. Nicht umsonst hat er wiederholt weite Reisen in die ganze Welt gemacht. Fremde Länder betrachtete er nicht mit dem Blick des abgeschirmten Schweizers, sondern unvoreingenommen und mit unverfälschter Neugier. Dennoch ist Frisch von seiner Heimat geprägt, indem er im Widerspruch zu ihr steht. Karl Schmid formuliert es so: „Alle nationalen Grenzen schaffen in Frischs Augen abgeleitete und künstliche Wesenheiten ... Er hat sich vielleicht nicht so sehr von seiner Nation entfernt als von dem Bildnisse, das diese Nation von sich macht.“ (in Beckermann, a. a. O., S. 149)

In den beiden hier interpretierten Stücken „Andorra“ und „Biedermann und die Brandstifter“ sieht man sich zweimal an die Schweiz erinnert. Andorra ist als neutraler kleiner Bergstaat gekennzeichnet, der ganz für sich unter einer schützenden Glasglocke liegt und in bürgerlicher Selbstgefälligkeit und pharisäerhafter Moral vor sich hin träumt, und versagt folglich gleich beim ersten Eindringen anderer Kräfte, da es selbst keine wirkliche innere Freiheit, sondern nur gedankenlose Bequemlichkeit beherbergt. Im „Biedermann“ hat Frisch das Kleinbürgertum seiner Heimat scharf karikiert und zugleich kritisiert. Aus der Hörspielfassung, die in Seldwyla spielte, wird dieser Bezug auf seine Heimat ganz deutlich.

Frisch hat einmal in einer Festrede vor Schweizer Mitbürgern gesagt: „Ich liebe die Schweiz so, wie sie ist; aber weil sie so ist, wie sie ist, und weil ich sie liebe, geht es nicht ohne Kritik, ohne Selbstkritik ... Ich glaube, die Schweiz hat Angst ... Ich meine das ganz einfach: Jeder, der eine Rolle spielt, die nicht ganz mit der Wahrheit übereinstimmt, muß ja Angst haben ... Was ich meine: Die Schweizer haben Angst vor allem Neuen.“ (Max Frisch, Öffentlichkeit als Partner, S. 8 ff.)

Erich Franzen hat Frisch einmal als einen radikalen Moralisten und daher einen subtilen Ironiker bezeichnet. Er ist ein Moralist, aber kein christlicher Autor, sondern Frisch ist echter Humanist, der die Menschlichkeit und die Freiheit des Individuums als oberstes Gebot sieht. Er stellt den Dienst am Menschen, das zur Tat führende Erbarmen als oberstes Postulat auf und versucht, mit seinem Werk – so weit es einem Schriftsteller möglich ist – als Helfender zu fungieren. In seinem „Tagebuch“ schrieb Frisch einmal: „Das Erbarmen – kann es den Sinn haben, unser Urteil aufzulösen? Oder hat es nicht eher den Sinn, daß das Erbarmen uns über das Urteil, ohne es aufzulösen, hinausführte zum zweiten Teil der Aufgabe: zum Handeln, und wie sollte ein Handeln, das nicht aus einem Urteil kommt, jemals eine wirkliche Hilfe sein? Hilfe bedeutet Veränderung im Sinne einer Erkenntnis...“

Hilfe bedeutet Veränderung: damit sind wir bei der Frage, ob Frisch – wie beispielsweise Bert Brecht – durch sein Werk einen Wandel herbeiführen, eine Verbesserung erzielen wollte. Er wollte es gewiß, aber er war skeptisch über den Erfolg seiner Arbeit in dieser Hinsicht. „Biedermann und die Brandstifter“ hat er als „Lehrstück ohne Lehre“ bezeichnet. Damit wollte er nicht sagen, daß keine Lehre daraus zu ziehen sei, sondern stellte nur pessimistisch fest, daß die Welt trotz dieses Stückes unverändert bleiben werde, wie die Personen der Handlung.

Veränderung im Menschen – im einzelnen Zuschauer durch Besinnung – mag Frisch hie und da für möglich gehalten haben; verhallt doch der Rufer in der Wüste nicht immer ungehört. Wie steht es mit seiner Beeinflussung der Gesellschaft? Wollte sich Frisch überhaupt als politischer Schriftsteller verstanden wissen?

Hans Heinz Holz hat über ihn gesagt: „Frisch hat ein Werk geschrieben, das Menschen darstellt, nicht politische Abstraktionen. Aber er hat zu zeigen verstanden, daß die Menschen als politische Wesen so sind, wie sie sind; daß ihr Charakter durch die Gesellschaft geprägt wird, die sie bilden. Er ist ein Rationalist, denn er appelliert an das Denken. Besser zu denken, hieße auch, besser zu leben. Denken baut Vorurteile und Ideologien ab. Aus dem Abbau der Ideologien mag aber die Bereitschaft zur Verbesserung der Gesellschaft hervorgehen.“ (in Beckermann, a. a. O., S. 246)

Das herzliche Verhältnis der meisten Kollegen und Kritiker zu Max Frisch bestätigt Martin Walsers Beitrag zur Festschrift „Begegnungen“ anläßlich des 70. Geburtstags des Autors im Jahre 1981: „Zwischen Schriftstellern kommt es gern zu nervösen Beziehungen. Durch eine andauernd wißbegierige, sozusagen transzendentale Gestimmtheit gelingt es Max Frisch

offenbar, solche professionellen Beziehungen an Kampfzonen vorbeizusteuern." (Begegnungen, S. 204)
Auch in der DDR wird dem Schweizer mit wechselndem Wohnsitz Anerkennung zuteil. In den „Weimarer Beiträgen, Zeitschrift für Literaturkritik, Ästhetik und Kulturtheorie" schreibt Christa Grimm über das Œuvre „dieses klugen Zeitgenossen": Frisch vertritt „eine aufklärerische Haltung, deutlich sichtbar in seinen theoretischen Schriften und in seiner Publizistik, mit denen er die Öffentlichkeit als Partner erreichen will; doch diese Haltung ist gleichermaßen hinter allen seinen künstlerischen Absichten zu finden. Wahrheit gilt als oberste Maxime, damit Wahrhaftigkeit, die der einzelne nie allein erreicht, sondern die nur als Summe von Erfahrungen vieler gefunden werden kann. ... So vermitteln uns die Geschichten um die Beziehungen der Menschen zueinander etwas von der Beschaffenheit der Gesellschaft, in der der Autor lebt und die er bestens kennt. Frisch plädiert für Ernüchterung, für Sachlichkeit, gegen Beschönigung und Verteufelung, für den Mut, große Ansprüche nicht in spießiger Enge ersticken zu lassen. Bleibt zu hoffen, daß die Theater in der DDR Lust bekommen, das eine oder andere dieser Stücke wieder zu inszenieren..." (Weimarer Beitr. 1982, H. 7, S. 147).
Statik in Werkgeschichte und Weltanschauung ist ein Vorwurf, den vereinzelt Kritiker an Max Frisch richten: „Stoffe und Themen, die der Essayist und Tagebuchschreiber Frisch en passant anschlägt, werden Jahre später vom Romancier und Dramatiker Frisch aufgegriffen... und kommen meist doch nicht über stilistische Korrekturen hinaus." (KLG, Bd. 1, Art. Frisch, S. 4) Zum anderen ist es die defaitistische Position, der Eingriff in die Politik sei müßig, und die Konzentration auf den Problemkreis des sich selbst entfremdeten und vereinzelten Ichs, die Frisch einer Literaturkritik, die engagiert politische Parteinahme eines Autors fordert, verdächtig erscheinen lassen muß.

3 Andorra

3.1 Entstehung des Stückes

„Andorra“ ist das Werk des reifen Künstlers, der im Jahre der Uraufführung 1961 sein fünfzigstes Lebensjahr überschritt und der zugleich mit diesem Stück einen neuen Höhepunkt seiner Arbeit erreichte. Der Stoff geht jedoch weit zurück bis an den schriftstellerischen Anfang Frischs. Die erste Fassung ist eine Prosaskizze, die in seinem „Tagebuch 1946–1949“ enthalten ist. Die Notiz entstand 1946; sie ist zwischen Aufzeichnungen über seinen ersten Besuch im zerstörten Nachkriegsdeutschland plaziert. (Tagebuch, S. 28 ff.)

„In Andorra lebte ein junger Mann, den man für einen Juden hielt. Zu erzählen wäre die vermeintliche Geschichte seiner Herkunft, sein täglicher Umgang mit den Andorranern, die in ihm den Juden sehen: das fertige Bildnis, das ihn überall erwartet. Beispielsweise ihr Mißtrauen gegenüber seinem Gemüt, das ein Jude, wie auch die Andorraner wissen, nicht haben kann. Er wird auf die Schärfe seines Intellekts verwiesen, der sich eben dadurch schärft, notgedrungen. Oder sein Verhältnis zum Geld, das in Andorra auch eine große Rolle spielt: er wußte, er spürte, was alle wortlos dachten; er prüfte sich, ob es wirklich so war, daß er stets an das Geld denke, er prüfte sich, bis er entdeckte, daß es stimmte, es war so, in der Tat, er dachte stets an das Geld. Er gestand es, er stand dazu, und die Andorraner blickten sich an, wortlos, fast ohne ein Zucken der Mundwinkel. Auch in Dingen des Vaterlandes wußte er genau, was sie dachten; so oft er das Wort in den Mund genommen, ließen sie es liegen wie eine Münze, die in den Schmutz gefallen ist. Denn der Jude, auch das wußten die Andorraner, hat Vaterländer, die er wählt, die er kauft, aber nicht ein Vaterland wie wir, nicht ein zugeborenes, und wie wohl er es meinte, wenn es um andorranische Belange ging, er redete in ein Schweigen hinein, wie in Watte. Später begriff er, daß es ihm offenbar an Takt fehlte, ja, man sagte es ihm einmal rundheraus, als er, verzagt über ihr Verhalten, geradezu leidenschaftlich wurde; das Vaterland gehörte den andern, ein für allemal, und daß er es lieben könnte, wurde von ihm nicht erwartet, im Gegenteil, seine beharrlichen Versuche und Werbungen öffneten nur eine Kluft des Verdachtes; er buhlte um eine Gunst, um einen Vorteil, um eine Anbiederung, die man als Mittel zum Zweck empfand auch dann, wenn man selber keinen möglichen Zweck erkannte. So wiederum ging es, bis er eines Tages entdeckte, mit seinem rastlosen und alles zergliedernden Scharfsinn entdeckte, daß er das Vaterland wirklich nicht liebte, schon das bloße Wort nicht, das jedesmal, wenn er es brauchte, ins Peinliche führte. Offenbar hatten sie recht. Offenbar konnte er überhaupt nicht lieben, nicht im andorranischen Sinn; er hatte die Hitze der Leidenschaft, gewiß, dazu die Kälte des Verstandes, und diesen empfand man als eine immer bereite Geheimwaffe seiner Rachsucht; es fehlte ihm das Gemüt, das Verbindende; es fehlte ihm, und das war unverkennbar, die Wärme des Vertrauens. Der Umgang mit ihm war anregend, ja, aber nicht angenehm, nicht gemütlich. Es gelang ihm nicht, zu sein wie alle andern, und nachdem er es umsonst versucht hatte, nicht aufzufallen, trug er sein Anderssein sogar mit einer Art von Trotz, von Stolz und lauernder Feindschaft dahinter, die er, da sie ihm selber nicht gemütlich war, hinwiederum mit einer geschäftigen Höflichkeit überzuckerte; noch wenn er sich verbeugte, war es eine Art von Vorwurf, als wäre die Umwelt daran schuld, daß er ein Jude ist – Die meisten Andorraner taten ihm nichts. Also auch nichts Gutes.

Auf der anderen Seite gab es auch Andorraner eines freieren und fortschrittlichen Geistes, wie sie es nannten, eines Geistes, der sich der Menschlichkeit verpflichtet fühlte: sie achteten den Juden, wie sie betonten, gerade um seiner jüdischen Eigenschaften willen, Schärfe des Verstandes und so weiter. Sie standen zu ihm bis zu seinem Tode, der grausam gewesen ist, so grausam und ekelhaft, daß sich auch jene Andorraner entsetzten, die es nicht berührt hatte, daß schon das ganze Leben grausam war. Das heißt, sie beklagten ihn eigentlich nicht, oder ganz offen gesprochen: sie vermißten ihn nicht – sie empörten sich nur über jene, die ihn getötet hatten, und über die Art, wie das geschehen war, vor allem die Art.

Man redete lange davon.

Bis es sich eines Tages zeigt, was er selber nicht hat wissen können, der Verstorbene: daß er ein Findelkind gewesen, dessen Eltern man später entdeckt hat, ein Andorraner wie unsereiner – Man redete nicht mehr davon.
Die Andorraner aber, sooft sie in den Spiegel blickten, sahen mit Entsetzen, daß sie selber die Züge des Judas tragen, jeder von ihnen.
Du sollst dir kein Bildnis machen, heißt es, von Gott. Es dürfte auch in diesem Sinne gelten: Gott als das Lebendige in jedem Menschen; das, was nicht erfaßbar ist. Es ist eine Versündigung, die wir, so wie sie an uns begangen wird, fast ohne Unterlaß wieder begehen –
Ausgenommen wenn wir lieben."
In dieser Notiz hat Frisch die daraus zu ziehende Moral am Ende deutlich ausgesprochen. „Du sollst dir kein Bildnis machen": die Forderung nach vorurteilsfreier Haltung gegenüber dem Mitmenschen, gleich welcher Rasse, sozialer Zuordnung oder politischer Couleur er auch sei. Dabei steht das Politische noch ganz im Hintergrund der Prosaskizze, die als reine Gestaltwerdung jenes Themas wirkt, dem sich Frisch nie mehr entziehen konnte.
Frisch hatte 1946 bei der ersten Fabulierung noch nicht entdeckt, daß dies ein großer Stoff für ihn sein könnte. Später sagte er: „Nachdem ich mich inzwischen aus meinen bisherigen Versuchen kennengelernt hatte, sah ich, daß dieser Stoff mein Stoff ist. Gerade darum zögerte ich lang, wissend, daß man nicht jedes Jahr seinen Stoff findet. Ich habe das Stück fünfmal geschrieben, bevor ich es aus der Hand gab."

1958 begann Frisch mit der Umformung der Tagebuchnotiz in das Schauspiel, 1960 nahm er die Arbeit daran wieder auf. Im Herbst 1961 gab er das „Stück in 12 Bildern" endlich aus der Hand. Es wurde am 2. November im Schauspielhaus Zürich uraufgeführt, dem es auch gewidmet ist. Die Inszenierung hatte Kurt Hirschfeld, der vor Jahren den jungen Frisch nach der Lektüre des ersten Romans aufgefordert hatte, sich doch einmal an einem Bühnenwerk zu versuchen. Die deutsche Erstaufführung fand gleichzeitig am 20. Januar des darauffolgenden Jahres bei den Münchner Kammerspielen unter der Regie von Hans Schweikart, bei den Städtischen Bühnen Frankfurt am Main unter Harry Buckwitz und im Düsseldorfer Schauspielhaus in Verantwortung von Reinhart Spörri statt. Später wurde es in einer beispielhaften Aufführung im Berliner Schillertheater inszeniert. Im Oktober wurde die leicht abgewandelte Züricher Inszenierung vom deutschen Fernsehen ausgestrahlt, bezeichnend für das Aufsehen, das das Stück in der Bundesrepublik gefunden hat. Seine große Wirkung blieb jedoch auf den mitteleuropäischen Raum beschränkt, wahrscheinlich wegen seines dort aus nächster Nähe erlebten politischen Hintergrundes, der die wahre Bedeutung und Schwerkraft des Stückes besser verstehen lehrte. In Deutschland fand das Schauspiel in kurzer Zeit Eingang in die Lehrpläne der höheren Schulen.

3.2 Handlung

Das Andorra des Stückes hat keinen Bezug zu dem Zwergstaat in den Pyrenäen, nach dem Willen des Autors auch nicht zu einem anderen wirklichen Kleinstaat. Andorra ist als Name für ein Modell zu verstehen.
In Andorra, einem kleinen Land, das unter der ständigen Bedrohung eines mächtigen Nachbarn leidet, lebt der junge Andri. Er wird von seinem Dorf für einen Juden gehalten, den der Lehrer aus dem Nachbarland der „Schwarzen" vor der Verfolgung gerettet hatte. In Wahrheit ist Andri aber der uneheliche Sohn des Lehrers Can und einer „Senora" aus dem anderen Staat. Aus Feigheit hatte Can in seiner Heimat nicht die wirkliche Herkunft Andris zu erkennen gegeben, hatte zugleich sein moralisches Ansehen damit gehoben, ein Judenkind unter seinen Schutz genommen zu haben. Can zieht den Jungen liebevoll zusammen mit seiner ehelichen Tochter Barblin auf. Die Halbgeschwister, die nichts von ihrer Verwandtschaft wissen, verlieben sich ineinander. Die Weigerung des Lehrers zur Heirat der beiden wird von Andri als Ablehnung seines vermeintlichen Judentums mißdeutet. Überall – nur bei Barblin und bei seinem Vater nicht – stößt Andri auf Unverständnis, ja Haß. Alle haben ein vorgeformtes Bild von dem, was ein „Jud" tut, wie er veranlagt ist, sogar was er denkt. Alle – auch der Pater – mißverstehen Andri gründlich. Der Geistliche hat unter den Phrasen der Nächstenliebe nicht die echte mitmenschliche, nach Meinung Frischs allein das Vorurteil überwindende Liebe. Andri, der zuerst war wie alle andern jungen Männer

in Andorra auch, lernt schließlich nach einem Gespräch mit dem Pater, sich selbst anzunehmen. Als letztlich die Lüge von der Herkunft des vermeintlichen Juden aufgedeckt wird, besteht Andri darauf, ein solcher zu bleiben.
Die Signora, die Mutter Andris, bringt die Wahrheit bei einer Reise nach Andorra ans Licht, nachdem sie gehört hatte, daß ihr früherer Geliebter sich zu seinem unehelichen Sohn aus Scham nicht bekannt hat. Als „eine von drüben" wird sie mit einem Steinwurf getötet. Man gibt Andri die Schuld, und der Pfarrer, der für ihn zeugen könnte, schweigt. Als die „Schwarzen" das Land besetzen, wird Andri von ihren Schergen tatsächlich als Jude gekennzeichnet und abgeführt. Er wehrt sich nicht gegen seinen Tod, den er voraussieht und sich ihm wie ein Held in einer Tragödie stellt. Der Vater erhängt sich, weil er mit der Folge seiner Lüge nicht fertig wird. Barblin, geschoren wegen ihrer „frevelhaften" Liebe zu einem „Juden", nimmt, verwirrten Geistes, Andris Schuhe in Verwahrung für den Fall, daß er wiederkehrt. Zwischen den Bildern treten die Dorfbewohner vor die Zeugenschranke, um sich zu verantworten wegen ihrer Verfehlung gegenüber Andri. Nur der Priester erkennt wirklich seine Schuld. Die anderen konnte auch der Mord am Mitmenschen Andri, dem vermeintlichen Juden, nicht läutern.

3.3 Die zwölf Bilder

Das erste Bild erfüllt die Funktion der Exposition. Barblin, die Tochter des Lehrers Can, weißelt das Haus ihres Vaters, während der flanierende Soldat Peider sie durch anzügliche Bemerkungen in Verlegenheit zu bringen versucht. Der hinzutretende Pfarrer lobt Barblins Eifer für ein schneeweißes Andorra, fordert mit dieser Bemerkung allerdings den Spott Peiders heraus: „... die Erde ist rot, und wenn ein Platzregen kommt, das saut euch jedesmal die Tünche herab, als hätte man eine Sau drauf geschlachtet..." Nachdem Peider die beiden verlassen hat, erkundigt sich der Pater nach Barblins Vater, der dem Alkohol verfallen ist und die Andorraner öffentlich beschimpft. Barblins bohrenden Fragen nach der Wahrscheinlichkeit eines Überfalls der benachbarten „Schwarzen" weicht der Pfarrer aus. Während das Mädchen mit Weißeln befaßt ist und weitere Fragen zum antisemitischen Verhalten der „Schwarzen" stellt, hat unbemerkt von ihr der Zuhörer ge-

wechselt und der Jemand antwortet jetzt ausweichend, aber durchaus doppeldeutig, ein Gewitter läge in der Luft.
Innerhalb des ersten Bildes rückt nun das Gespräch zwischen dem Lehrer und dem Tischlermeister Prader in den Vordergrund des Bühnengeschehens. Prader verlangt den Wucherpreis von 50 Pfund für die Ausbildung von Cans Pflegesohn Andri, denn der Tischler sieht nicht ein, warum Andri nicht Makler werden will, eine Tätigkeit, die ihm nach Meinung Praders im Blut läge. Während dieses Gesprächs erwähnt der Lehrer erstmals den unsichtbaren Pfahl am Marktplatz, den zu sehen Prader aber abstreitet. Auch der nach dem Weggang des Tischlers hinzugetretene Wirt geht nicht weiter auf Cans Vision ein, sondern nutzt die Notlage des Lehrers aus und bietet ihm 50 Pfund für seine Ländereien. Durch die Äußerungen des Wirtes scheint sich die Vermutung des Zuschauers über Andris Judentum zu bestätigen.
Andri, der im bisherigen Handlungsverlauf zweimal eine als Trinkgeld erhaltene Münze in ein Orchestrion geworfen hat, teilt Barblin freudig mit, er werde Tischler und sie könnten heiraten. Während sich Barblin einer Kirchenprozession anschließt, gerät Andri in eine Auseinandersetzung mit dem mittlerweile betrunkenen Peider, der ihn wegen seines vermeintlichen Judentums schmäht und erneut seine brutalen sexuellen Absichten in bezug auf Barblin verkündet.

Nach dem ersten Bild wird eine Zeugenschranke sichtbar, hinter die der Wirt in Alltagskleidung tritt. Er legt den Tenor der folgenden Vordergrundszenen fest, indem er mit leeren Worten seine Unschuld an dem, was geschehen ist, betont. An dieser Rede wird bereits Andris Ende deutlich, wenn der Wirt fragt: „Habe ich ihn vielleicht an den Pfahl gebracht?" Wichtig für den Zuschauer ist dabei die Einsicht, daß das eigentliche Bühnengeschehen als vergangen zu begreifen ist.

Das zweite Bild beginnt vor der Kammer von Barblin. Das Mädchen zeigt Andri unverhohlen ihre Zuneigung, geht aber nicht auf seine Sorgen ein. Ihm steht ständig das Bild vor Augen, das die anderen von ihm zeichnen, er fühlt sich verkannt und ungeliebt und ist in dieser zerrissenen Stimmung auch nicht fähig, auf Barblins Wunsch nach Zärtlichkeit zu reagieren. So sprechen die beiden Liebenden aneinander vorbei und Andri fühlt einen Fluch auf sich liegen. „Ein Blick genügt, plötzlich bist du so, wie sie sagen. Das ist das

Böse. Alle haben es in sich, keiner will es haben, und wo soll das hin? In die Luft?"

Nach diesem Bild tritt der Tischler an die Zeugenschranke. Er findet Ausreden für den Wucherpreis für Andris Lehre. „Ich wußte ja, es wird nur Unannehmlichkeiten geben." Auch er habe es im Grunde wohlgemeint mit ihm. Eine Entschuldigung ist beim Tischler wie zuvor beim Wirt, daß er ja nicht habe wissen können, „daß er keiner ist". Nicht das Quälen eines Menschen tut ihm leid, sondern lediglich der Irrtum, daß es den Falschen traf.

Das dritte Bild spielt in der Tischlerwerkstatt. Andri ist guter Dinge, weil er in die Fußballmannschaft des Dorfes aufgenommen werden soil. Fedri, ein Geselle, gibt sich als sein Freund. Beide haben einen Stuhl vor sich. Der von Andri ist besonders gut gelungen. An diesem Tag soll die Lehrlingsprobe stattfinden. Schon vor der Prüfung des Stuhls gibt sich der Tischler skeptisch hinsichtlich Andris Begabung als Handwerker, hat aber selbst nicht gar so viel Ahnung, weil er sogar Eiche und Buche verwechselt. Obwohl Andri ihn von Anfang an darauf aufmerksam macht, daß der falsche Stuhl geprüft wird, der schlecht gearbeitet ist, sieht der Tischler seinen Irrtum nicht ein und rügt Andri weiterhin. Der Geselle, angeblich ein Freund Andris, sagt aus Feigheit auch nicht die Wahrheit und läßt zu, daß Andri stattdessen beim Tischler kaufmännische Arbeit tun muß.

Anschließend muß sich der Geselle Fedri an der Zeugenschranke verantworten. Fedri gibt Andri einen Großteil der Schuld, da er nachher nicht einmal mehr guten Tag gesagt habe. „Ich wollte ja nachher mit ihm reden, aber da war er schon so, daß man halt nicht mehr reden konnte mit ihm." Er wirft Andri vor, sich zu gut gewesen zu sein für die anderen.

Das vierte Bild handelt im Haus des Lehrers. Andri wird vom Arzt Ferrer untersucht. Der Doktor ist ein Halbgebildeter, dessen antisemitische und hochstaplerische Reden Kleinlichkeit und Unbelehrbarkeit offenbaren.
Der zweite Teil des Bildes spielt am Eßtisch, als Andri den Lehrer um die Hand Barblins bittet. Er versteht das schroffe Nein des Vaters nicht, der die beiden Halbgeschwister nicht miteinander verheiraten kann. Hier wäre für ihn die Gelegen-

heit, die Lüge von der Herkunft Andris aus der Welt zu schaffen, die stückweise aus den bisherigen Texten dem Zuschauer deutlich geworden sein kann. Andri muß es als Absage an sein Judentum sehen. Er ist jedoch der Sohn des Lehrers und der Halbbruder Barblins. Der Alkohol ist für den Lehrer der einzige Ausweg. Und die Mutter findet symbolisch das richtige Bild, wenn sie sagt: „Jetzt sind alle auseinander".

Der Platz von Andorra ist wieder der Handlungsort des fünften Bildes. Aus Verzweiflung über sich selbst betrinkt sich der Vater in der Pinte. Hier kommt für den Zuschauer, der es noch nicht weiß, endgültig die Wahrheit ans Licht: Andri ist der leibliche Sohn Cans. Er sieht die Hoffnungslosigkeit seiner eigenen Lage, denn er erkennt seine eigene Schwäche deutlich. „Einmal werd ich die Wahrheit sagen – das meint man, aber die Lüge ist ein Egel, sie hat die Wahrheit ausgesaugt." Als der Jemand ihn mit der erneuten Drohung der „Schwarzen" peinigt, geht Can dahin, „wo ich meine Ruhe hab".

Im sechsten Bild schläft Andri allein vor der Kammer der Barblin. Daran erkennt man sofort, daß sich die Atmosphäre geändert hat. Der Soldat schleicht sich an. Er steigt über Andri hinweg, öffnet die Kammertür, und an dem erstickten Schrei Barblins – laut Regieanweisung – wird ersichtlich, daß sie erschrocken ist, Peider also nicht erwartet hat. Er hält ihr offensichtlich den Mund zu. Andri erwacht und wundert sich, warum die Tür zugeriegelt wird. Jetzt wird auch mit Worten verdeutlicht, daß sich etwas Wesentliches gewandelt hat: Andris Verhalten zur Umwelt. „Ich schleiche nicht länger herum wie ein bettelnder Hund. Ich hasse. Ich weine nicht mehr. Ich lache. Je gemeiner sie sind wider mich, um so wohler fühle ich mich in meinem Haß." Andri spricht von dem Plan, mit Barblin das Land zu verlassen, das er haßt. Er liebt allein noch Barblin, und das ist für ihn genug. Er zählt jetzt mit Genugtuung sein Geld, um sich im Ausland bald eine Existenz schaffen zu können.
Der Lehrer kommt betrunken die Treppe herauf, um endlich gegenüber Andri die Lüge abzubauen. Andri ist hart und bissig zu ihm und verweigert zunächst eine Aussprache mit Can – dann gibt er seiner Enttäuschung über ihn Ausdruck, den er für anders als alle anderen gehalten, auf dessen Mut er sich verlassen hatte. Can gesteht, gelogen zu haben,

resigniert dann aber vor dem großen Geständnis, indem er Andri, der doch noch nichts verstehen kann, vorwirft, ihn nicht verstehen zu wollen. Der Lehrer merkt, daß Andri ihn haßt. Der Junge geht soweit, den Lehrer mit unflätigen Worten, die sonst nicht seine Art sind, fortzuschicken. Die Welt bricht für Andri allerdings erst zusammen, als er den Soldaten in Barblins Kammer mit nacktem Oberkörper und offenem Hosengurt erblickt.

An der Zeugenschranke, die dem sechsten Bild folgt, gibt der Soldat in Zivil zu, daß er Andri nicht habe leiden können. Auch hier noch gibt er Gemeinplätze wie „Order ist Order" von sich, die ja keine Antwort auf eine Mitschuld sind. Er geht sogar so weit, nicht glauben zu wollen, daß Andri kein Jude war. „Ich war Soldat" ist sein Argument gegen jede Anklage.

Das siebente Bild zeigt Andri und den Pater in der Sakristei. Der Pater soll auf Auftrag der Pflegemutter mit dem Jungen reden und ihm sagen, daß man sein Bestes wolle, daß er sich annehmen solle, so wie er ist. Der Pater hebt Andri, nur auf andere Art als der Wirt, der Tischler, der Geselle und der Soldat, ebenfalls aus der Gemeinschaft heraus und läßt ihn allein. Er geht nicht im mindesten auf die Nöte Andris ein, gibt sich väterlich vertraulich und zugleich doch distanziert, was Andri stört: „Ich mag nicht immer eure Hände auf den Schultern". Andris Aufschrei: „Ich bin nicht anders. Ich will nicht anders sein", verklingt beim Pater ungehört. Die Worte von der Liebe als Christ gegenüber Andri klingen unglaubhaft, wenn er sofort den Einzelmenschen, der vor ihm steht, in einen Topf wirft mit der nicht präsenten Mehrzahl der anderen Juden. Er spricht von „ihnen", wenn doch nur Andri gemeint sein sollte, und Andri selbst, der in seiner Sensibilität des täglichen Leidens diese Takt- und Lieblosigkeit bemerkt, bricht weinend zusammen, als die Sprache auf Barblin kommt. Er, der sich selbst nicht liebt, weil er stets beobachtend quasi neben sich steht, so, wie er es täglich bei den Andorranern bemerkt, glaubt nicht mehr an Barblins Liebe. Er nimmt es ihr aber offenbar nicht übel, denn er sagt entschuldigend: „Sie kann mich nicht lieben. . ." Der Pater entläßt ihn mit dem eindringlichen Aufruf, sich selbst anzunehmen. Seine Frage, ob Andri ihn verstanden habe, muß ungehört verhallen, da er selbst Andri ja nicht verstanden hat.

Der Pater wird in der folgenden Zwischenszene ebenso wie die anderen Andorraner zur Rechenschaft gezogen. Er steht aber nicht hinter der Zeugenschranke, er kniet, und er als einziger erkennt seine Schuld, erkennt auch die Schuld seiner Mitbürger. Er bekennt seine Lieblosigkeit, die nichts vermochte gegen den Willen, Andri mit Liebe zu begegnen. Er weiß und gibt es zu, daß er mit seinem Bildnis Andri gefesselt und an den Pfahl gebracht hat.

Im nächsten, dem achten Bild, kommt die Senora, Andris Mutter, aus dem Land der „Schwarzen" angereist. Gegen den Protest der anderen gibt der Wirt ihr Quartier. Der Doktor, der Soldat, der Tischler und der Jemand sind auf dem Platz von Andorra versammelt und dreschen Phrasen, heben sich über andere Völker empor und lassen dabei doch ihre Unruhe und Angst wegen der Bedrohung seitens des Nachbarlandes spüren. Auf das Stichwort „Volk ohne Schuld" erscheint Andri im Hintergrund, verzieht sich aber wieder, da ihn alle anstarren. Andri kommt wieder, um das Orchestrion spielen zu lassen und den Soldaten herauszufordern. Es ergibt sich eine Schlägerei, in der alle auf Andri losgehen. Andri wird verletzt, die Senora versorgt die Wunden und läßt sich von ihm zum Vater führen. Der Wirt, der gesehen hat, daß Andri Unrecht geschehen ist, wird vom Amtsarzt aufgefordert, nichts davon zu sagen. Seiner Meinung nach sind die Juden selbst schuld, wenn ihnen etwas geschieht. „Sie wollen, daß man ihnen ein Unrecht tut. Sie warten nur darauf".

Vor seinem Haus trifft der Lehrer mit der Senora zusammen, die ihm Vorwürfe wegen seiner Lüge macht. Um sich ein moralisch sauberes Image zu geben, hatte der Lehrer seinen eigenen Sohn als Judenkind ausgegeben, als die Zeit der Judenmorde im Lande der „Schwarzen" war. Sie gibt zu, selbst wegen des unehelichen Kindes feige gewesen zu sein. Aber seine Feigheit ist für sie nicht minder verabscheuenswert. Der Lehrer verspricht ihr, die Wahrheit zu sagen, fragt aber resignierend, ob die andern die Wahrheit überhaupt noch wollen.

Im neunten Bild sitzt die Senora in der Stube des Lehrers, Andri steht vor ihr. Aus seinen Worten spricht Sympathie und Verehrung für die fremde Frau. Da sie ihm die Wahrheit über seine Herkunft nicht selbst sagen soll, will sie wieder nach Hause fahren. Zuvor versucht sie jedoch Andri, der nicht weiß, daß er mit seiner Mutter spricht, wenigstens einen Teil ihres Wesens zu offenbaren, sich schon zu rechtfertigen vor ihm, bevor ihm die Wahrheit über sie kundgetan wird. „Wir wollten nicht lügen. Als wir sahen, daß wir die Angst nur verschwiegen, haßten wir einander ... Kein Mensch, wenn er die Welt sieht, die sie ihm hinterlassen, versteht seine Eltern."

Andri begleitet, als der Lehrer kommt, die Senora noch ein Stück zum Bahnhof hin. Andris Pflegemutter legt Can mit wenigen schlichten Worten sein eigenes Bild vor: „Du hast uns alle verraten, aber den Andri vor allem. Fluch nicht auf die Andorraner, du selbst bist einer." Der Pater wird gerufen, um Andri sein wahres Leben zu erzählen. Die Mutter erkennt auch die Tragweite dessen, was jetzt auf den Geistlichen und auf Andri zukommt, wenn sie sagt: „Hochwürden haben eine schwere Aufgabe in diesem Haus. Hochwürden haben unserem Andri erklärt, ... daß er's annehmen soll. Nun hat er's angenommen. Nun müssen Hochwürden ihm sagen, was ein Andorraner ist, und daß er's annehmen soll."

Andri kommt zurück, die Senora hat ihn noch vor dem Bahnhof heimgeschickt und zum Abschied ihren Ring geschenkt. Andri hat wohl eine Ahnung über ihre gegenseitige Beziehung, denn er will wissen, wer die Frau ist. Der Vater entzieht sich der Verantwortung, seinem Sohn Rede zu stehen, und eilt der Senora nach. Der Pater versucht, Andri „zu erlösen", aber Andri kann sich nicht mehr aus der Rolle befreien lassen, in die ihn die Umwelt gepreßt hat. „Das fühlt man, ... ob man Jud ist oder nicht." ist Andris Antwort darauf. „Wie viele Wahrheiten habt ihr?" ist die bittere Frage, die er nunmehr dem Pater stellt. Er hat „ausgeglaubt". Erschütternd ist Andris Ausbruch, es ist seine ganz große Szene, die ihn mit der Annahme seines Schicksals und dem sich Dreinfügen zum Helden macht. „Seit ich höre, hat man mir gesagt, ich sei anders, und ich habe geachtet drauf, ob es so ist, wie sie sagen. Und es ist so, Hochwürden: Ich bin anders ... Und ich habe keine Heimat. Hochwürden haben gesagt, man muß das annehmen, und ich hab's angenommen. Jetzt ist es an Euch, Hochwürden, euren Jud anzunehmen ... Ich bin's. Lange habe ich nicht gewußt, was das ist. Jetzt weiß ich's ... Ich möchte nicht Vater noch Mutter haben, damit ihr Tod nicht über mich

komme mit Schmerz und Verzweiflung und mein Tod nicht über sie. Und keine Schwester und keine Braut: Bald wird alles zerrissen, da hilft kein Schwur und nicht unsre Treue. Ich möchte, daß es bald geschehe. Ich bin alt. Meine Zuversicht ist ausgefallen, eine um die andere, wie Zähne. Ich habe gejauchzt, die Sonne schien grün in den Bäumen, ich habe meinen Namen in die Lüfte geworfen wie eine Mütze, die niemand gehört wenn nicht mir, und herunter fällt ein Stein, der mich tötet... Ich brauche jetzt schon keine Feinde mehr, die Wahrheit reicht aus. Ich erschrecke, so oft ich noch hoffe. ... Meine Trauer erhebt mich über euch alle, und so werde ich stürzen. Meine Augen sind groß von Schwermut, mein Blut weiß alles, und ich möchte tot sein. Aber mir graut vor dem Sterben. Es gibt keine Gnade" –
Andri sagt dem Pater fast hellseherisch voraus, was geschehen wird, wenn er von den „Schwarzen" geholt wird. Der Pater werde für ihn beten, sagt er, aber dieses Gebet werde nicht einmal ihm selbst etwas helfen, er werde dennoch zum Verräter. Die Ahnungen Andris bestätigen sich, als der Lehrer hereinstürzt mit der Nachricht, die Senora sei mit einem Stein erschlagen worden und Andri wolle man die Schuld dafür geben. Der Lehrer fordert vom Pater, Zeugnis abzulegen für Andri.

Als nächster tritt der Jemand an die Zeugenschranke, der sich deutlich von dem Geschehen distanzieren will. „Ich bin nicht der Weltenrichter". Der Jemand gibt zu, daß keineswegs erwiesen war, wer den Stein geworfen hat. Er flüchtet sich letzten Endes in das Vergessenwollen — und wahrscheinlich auch -können.

Im zehnten Bild sitzt Andri auf dem leeren Platz von Andorra. Alle haben sich versteckt, nur er nicht, da er kein schlechtes Gewissen hat wegen des Steinwurfs. Der Lehrer, der ihn die ganze Nacht über gesucht hat, teilt ihm mit, die „Schwarzen" seien da. Andri wundert sich nicht. Es sei alles genauso, wie er es sich vorgestellt habe, sagt er dem Vater, die Kapitulation der Andorraner. „Wenn es soweit ist, merkt jeder, was er alles nie geglaubt hat", meint Andri. Es findet zum ersten Mal eine offene Aussprache statt zwischen ihm und Can. Der Lehrer gesteht, daß er Angst gehabt habe wegen des unehelichen Kindes mit einer „Schwarzen", Angst vor Andorra. Es sei damals leichter und dazu sich verloren gibt, ist ein Beweis für den Lehrer, daß der noch rühmlich gewesen, ein Judenkind zu haben. Daß Andri Sohn die Schuld des Vaters nicht schmälern will. Can deutet die Möglichkeit an, sich zu erhängen. – Inzwischen ist in Andorra bereits die Kapitulation im Gange. Alle bis auf Can werfen ihre Gewehre auf einen Haufen. Andri geht zum Orchestrion und spielt seine Melodie.

Im nächsten Bild zieht Andri seine Halbschwester vor ihrer Kammer zur Rechenschaft wegen des Soldaten. Sie kommt jedoch nicht dazu, ihm zu sagen, daß sie Peider damals nicht gerufen habe. Noch einmal bricht Andris Verzweiflung auf, noch einmal denkt er an seine glücklichen Stunden mit Barblin, aber alles ist überschattet von dem drohenden Unheil, das er klar sieht und dem er nicht zu entrinnen gedenkt, obwohl er Angst hat. Er versucht sich vorzustellen, was nach ihm sein wird, und will noch einmal seine Schwester küssen. Barblins Verhältnis zu Andri hat sich jedoch zu dem von Geschwistern gewandelt. Da kommen aber auch schon die „Schwarzen", um Andri zu holen.

Als letzter tritt der Doktor an die Zeugenschranke. Da er ein leerer Schwätzer ist, fällt auch seine Verteidigungsrede entsprechend lang aus, obwohl sie nicht mehr aussagt als die der anderen. Auch er beteuert seine Unschuld und bedauert den Lauf der Dinge, ohne zu erkennen, in welchem Maße er mitgewirkt hat.

Im zwölften und letzten Bild vollendet sich das Unheil. Auf dem öffentlichen Platz in Andorra findet die Judenschau statt. Alle Dorfbewohner nehmen schwarze Tücher über den Kopf und müssen die Schuhe ausziehen. Der Wirt wirft unablässig Andri vor, den Stein geworfen zu haben, obwohl zu vermuten ist, daß er selbst es war. Der Wirt hat Angst vor einem möglichen Irrtum des Judenschauers. Barblin versucht vergeblich, noch einmal mit den Andorranern zu reden. Der Lehrer und seine Frau, zunächst unvermummt, bekennen öffentlich Andris wahre Herkunft. Dennoch ertönt der dreimalige Pfiff des Judenschauers, als Andri vorbeigeht. Als er sich weigert, den Ring der Senora herzugeben, wird ihm der Finger abgehauen. Dann wird er abgeführt. Man weiß, er muß am Pfahl sterben. Aber ein Andorraner, scheinbar mitfühlend, meint, das mit dem Finger sei zu weit gegangen.

Nun gehen die Andorraner nach Hause. Barblin bleibt übrig, deren Sinn sich verwirrt hat und die das Pflaster des Platzes weißelt, als Judenbraut geschoren. Der Pater versucht ein Gespräch mit ihr, aber ohne Erfolg. Immer mehr Dorfbewohner kommen langsam dazu, die sie erschreckt, weil sie überall Blut sieht und Andris Finger ebenso sucht wie ihr eigenes Haar. Der Lehrer hat sich im Schulzimmer erhängt. Und Barblin bleibt auf dem Platz bei Andris Schuhen, die sie bewahrt für den Fall, daß Andri zurückkehren sollte.

3.4 Personenbeschreibung

Andri

Die Gestalt des jungen Mannes Andri ist eines der überzeugendsten und erschütternsten Beispiele für den Widerspruch zwischen der wahren und der tatsächlich gelebten Existenz eines Menschen. Zu Anfang des Stückes wird Andri vorgestellt als ein ganz alltäglicher Junge, der an denselben Dingen Spaß und Freude hat wie seine Alltagsgenossen. Leidenschaftlich gern würde er in die Fußballmannschaft des Dorfes eintreten, den Älteren geht er auf die Nerven mit seinem unentwegten Orchestrion-Spiel, für das er achtlos sein Trinkgeld opfert. Auch seine Sprache ist die der anderen jungen Burschen in Andorra. Er bezeichnet seinen Vater mit „der Alte“, benutzt Schlagworte seiner Altersgruppe wie „toll“ und „eine fantastische Frau“, er hat auch ebenso wie wahrscheinlich viele andere junge Männer in der Wut keinerlei Hemmungen vor Kraftausdrücken, als er mit seinem betrunkenen Vater spricht und ihm vorwirft, nach Trester zu „stinken“, ihm zugleich rät, er solle sich „auskotzen“. Andris Freude ist auch auf seinen Beruf gerichtet. Er möchte es dort zu einer achtbaren Leistung bringen und ist stolz auf sein Lehrlingsstück. Er will lieben und lachen wie die andern und verehrt Barblin, die er zunächst für seine Stiefschwester halten muß, mit Hingabe und Leidenschaft. Dabei legt ihm Frisch lyrische Töne in den Mund, die von außerordentlicher Zartheit und Bildhaftigkeit sind: „Schläfst du, Barblin? Wie spät kann es sein? ... Die Nacht ist wie Milch, da, wie blaue Milch. Bald fangen die Vögel an. Wie eine Sintflut von Milch ...“

Einem jungen Mann gemäß stellt auch Andri einen Lebensplan auf, irrtümlich annehmend, ihm sei die Möglichkeit zur freien Selbstfindung und -bestimmung gegeben. Eckpunkte seines Lebensentwurfs sind die Heirat mit Barblin und der angestrebte Tischlerberuf. Als sich die Möglichkeit zur Realisierung seiner Wünsche abzuzeichnen scheint, versetzt ihn diese Aussicht in eine Art Glückstaumel und er jubelt: „Heut läuten die Glocken auch für mich.“ Diese Euphorie hält jedoch nur kurze Zeit an, dann wird Andris Rollenangst, nicht so zu sein wie die anderen und zu versagen, wieder dominant. Irritation determiniert sein Verhalten gegenüber Barblin, wenn er, als Barblin ihre Bluse aufknöpft, ihrem Bedürfnis nach Zärtlichkeit nicht entspricht und sich in einen Diskurs über das Böse in der Welt und seine Außenseiterstellung flüchtet. Andris entschiedenster Versuch, ein Andorraner zu werden, ist in seinem Berufswunsch zu sehen, denn „Tischler ist ein schöner Beruf, ein andorranischer Beruf“ und es gibt „nirgends in der Welt... so gute Tischler wie in Andorra.“ Der Stuhl, den Andri anfertigt, beweist, daß er ein guter Tischler werden könnte, aber der Meister, prädisponiert durch sein Heterostereotyp, nimmt seine Lehrlingsprobe nicht an. Die Übermacht des Vor-Urteils, unter dem Andri leben muß, wird offensichtlich, als Prader ihn in den Beruf des Händlers drängt, obwohl Andri verzweifelt protestiert: „Ich wollte aber Tischler werden...“ Damit erscheint Andri als ein Mensch, dem man das Recht auf Selbstverwirklichung vorenthält und der auf einen Weg gezwungen wird, den er nicht gewählt hat. An keiner Stelle hat er die Möglichkeit frei zu entscheiden, immer wieder wird ihm die „Jud“-Rolle oktroyiert. Damit beraubt man ihn seiner Menschenwürde, die für Max Frisch in der Freiheit der Wahl besteht. Die Andri immanente Selbstentfremdung wird beschleunigt und der Zweifel an seinem Wesen droht ihn zu zerreißen: „Immer muß ich denken, ob's wahr ist, was die andern von mir sagen: daß ich nicht bin wie sie, nicht fröhlich, nicht gemütlich, nicht einfach so. Und Hochwürden finden ja auch, ich hab etwas Gehetztes. Ich versteh schon, daß niemand mich mag. Ich mag mich selbst nicht, wenn ich an mich selbst denke.“

Wenn Andri schließlich die von außen an ihn herangetragene Rolle annimmt, vollzieht er gewiß eine Wahl, aber es ist eine Wahl unter Zwang. Auch verbietet es sich, hierin einen Prozeß der Selbstfindung zu sehen, vielmehr offenbart sich seine

Ohnmacht, den Teufelskreis des Vor-Urteils aufzubrechen. Andri verzweifelt am Lebenkönnen in der Welt, denn mit der Freiheit der Wahl nimmt man ihm auch seine Menschenwürde. Folgerichtig verwendet er auch keinen Gedanken an Flucht und akzeptiert mutig sein Schicksal: „Ich bin nicht der erste, der verloren ist. Es hat keinen Zweck, was du redest. Ich weiß, wer meine Vorfahren sind. Tausende und Hunderttausende sind gestorben am Pfahl, ihr Schicksal ist mein Schicksal.“ Andri bekennt sich zu diesem Los, obwohl er jeden Glauben einer Heilserwartung im Jenseits leugnet und dem Trostspruch des christlichen Priesters seine eigene Hoffnungslosigkeit entgegensetzt: „Es gibt keine Gnade — . . . Gnade ist ein ewiges Gerücht.“ Bei aller vordergründigen Akzeptanz seiner „Jud“-Rolle ist er jedoch weder feige noch geldgierig noch gefühlskalt. Einem tragischen Helden gemäß nimmt er tapfer sein Schicksal auf sich und geht seinen Lebensweg zu Ende. „Andorra“ ist die Tragödie der verhinderten Identitätsbildung Andris.

Can

Der Lehrer ist die zweite Kernfigur des Stückes. Er, der sich als moralisch integrer und hochstehender Retter eines Judenkindes ausgegeben hat, das in Wirklichkeit sein eigenes, uneheliches Kind ist, bringt mit dieser Lüge den Stein ins Rollen. Es ist eine besonders böse Lüge, weil er dadurch als überdurchschnittlich gefeiert wurde und doch in Wirklichkeit so jämmerlich war. Can ist wohl die schillerndste Persönlichkeit in „Andorra“, die am wenigstens geradlinige. Er ist Weltverbesserer, Idealist, Feigling, Säufer, Wahrheitsapostel, er ist ein Ausbrechender aus der andorranischen Gesellschaft und doch ihr größter Gefangener. Während die anderen nicht wissen, wie engstirnig sie sind, ist dem Lehrer durchaus klar, wie sehr er versagt, indem er nicht nach seiner Erkenntnis zu leben vermag. Zu sehen und nicht danach zu handeln treibt ihn in den Ruin; er wird zum Trinker. Er hätte die Gaben besessen, die falschen Kollektivvorstellungen der Andorraner zu bekämpfen. Zwar zerriß er Schulbücher, in denen nach seiner Meinung etwas nicht stimmte. Aber den größten Fehler und die verhängnisvollste Lüge ließ er unangetastet weiterbestehen und -wuchern. Auf der für ihn unverfänglichen Ebene der Schule und der geistigen Lehre hatte Can Mut zur Freiheit gegenüber Andorra. Sobald es ihn aber selbst existenziell betraf und sein Ansehen in Gefahr war, war er ein Gefangener seiner Gesellschaft.

Nicht recht abnehmen kann man Can die pädagogisch motivierten Argumente für sein Handeln, die er im Stück ja auch liefert. Er sagt zu Anfang: „Ich werde dieses Volk vor seinen Spiegel zwingen, das Lachen wird ihm gefrieren." Dies klingt, besonders im Zusammenhang mit der weiteren Charakterentfaltung, eher wie eine Entschuldigung vor sich selbst, um nicht vollends zu zerbrechen. Vermutlich hat er zunächst wirklich gehofft, im entscheidenden Augenblick würde das Volk von Andorra vor der Beweiskraft von Andris Herkunft seinen Wahn fallenlassen. Als scharfblickender Beobachter mußte Can aber klarsein, daß erstens er selbst nicht plötzlich den Mut zu dem Geständnis nach all den Jahren der Lüge gefunden hätte – der Gelegenheiten waren viele und unbedingt notwendige; zum Beispiel, als Andri um die Hand von Barblin bat. Bei mehreren Ansätzen, die Wahrheit zu gestehen, versagte er jedesmal jämmerlich. Bei vagen Andeutungen gegenüber Andri ließ er es bewenden, von seinem Sohn zugleich verlangend, das Unmögliche zu erkennen und ihm, Can, das Sprechen zu erleichtern. Zweitens hätte ihm deutlich sein müssen, wie sehr Andri unter dem Bildnis der Andorraner litt, wie sein Wesen sich änderte, und als Pädagoge hätte er sehen dürfen, daß er eine Verantwortung für diesen Jungen hinsichtlich dessen weiteren Entfaltung hatte. Das Argument, er wolle die Andorraner ihr eigenes Blut noch lehren, ist eine unglaubhafte, zum Selbstüberleben aufgestellte Lüge vor sich selbst. Sein Mut schließlich bei der Judenschau, als er in der Angst des Verzweifelten allen die Wahrheit ins Gesicht sagt und wirklich um seinen Sohn kämpft, nützt ihm nichts mehr. Da hatte die Lüge die Wahrheit schon aufgefressen, wie es in „Andorra" so krass und bildlich formuliert heißt. Daß seine Verachtung für Andorra sein Handeln nicht hätte ersetzen dürfen, daß seine wortreichen Ergüsse gegenüber jedem und in jeder Situation letzten Endes ein wirkliches, rechtzeitiges Handeln nicht ersetzen konnten, wird hier zum Schluß klar. Can erhängt sich im Schulzimmer, wohl wissend, daß hauptsächlich er Andri, seinen Sohn, an den Pfahl gebracht hat. Der Lehrer ist neben Andri die zweite tragische

Figur. Er weiß, was er falsch gemacht hat, ermißt die volle Tragweite seines Fehlverhaltens und sieht seinen gesamten Idealismus, der in sein Lebenswerk einfließen sollte, gescheitert. Can steht am Ende vor den Trümmern seiner Existenz. Insofern ist er der trotz aller Schuld Bedauernswertere: während Andri mit dem ganzen Stolz und Trotz seiner Selbsterkenntnis und dem Wert seines Leidens in den Tod geht, den ihm die anderen bereiten, versagt dem Vater, der seinen Sohn der Feigheit geopfert hat, der weitere Lebenswille wegen der Sinnlosigkeit seines Daseins. Andri hätte weiterzuleben vermocht, trotz seiner Einsamkeit, weil er in sich selbst ruhte, nachdem er sich selbst angenommen hatte. Der Lehrer dagegen hätte sich nie mehr selbst annehmen können mit der Bürde des auch durch ihn ermordeten Sohnes.

Die Mutter

Die Mutter ist eine zunächst ziemlich farblos gezeichnete Person, deren Charakter der Zuschauer erst gegen Ende etwas genauer erkennen kann. Da wird aus der unscheinbaren Frau, die nur die Gefährtin ihres Mannes ist und kaum selbständige Züge aufweist, durchaus eine zu respektierende Persönlichkeit. Anfangs ist sie lediglich mütterlich, besorgt auch um ihren Pflegesohn Andri und voll Mitleid mit seinen Nöten, wie aus der Untersuchungsszene mit dem Doktor hervorgeht. In ihrer Sorge um Andri bittet sie, nicht der Vater, den Pater, mit Andri ein Gespräch zu führen über sein vermeintliches Judentum und ihm zu sagen, daß er doch gemocht wird. Sie ergreift bereits hier als einzige die Initiative, um dem Pflegesohn seelische Hilfe angedeihen zu lassen, wenn sie dabei auch im Hintergrund bleibt. Vermutlich hält sie sich nicht für so redegewandt und überzeugungskräftig wie den Geistlichen, für den sie Hochachtung empfindet. Schon deutlicher werden die Umrisse ihrer Persönlichkeit, als Andri um die Hand von Barblin bittet. Sie hatte von Anfang an erkannt, daß es so kommen würde, was von ihrer Beobachtungsgabe und liebevollen Hinwendung zu beiden Kindern spricht, der nichts entgehen kann. Als gar offenbar wird, daß Andri der uneheliche Sohn ihres Mannes ist, reagiert sie großartig. Ihr Format beweist sie in ihrem kurzen Dialog mit dem Pater. Sie macht ihm klar, welch schweren Stand er im Hause hat und wie schwer es für Andri sein wird, jetzt auch diese Wahrheit wieder annehmen zu sollen. Sie wendet sich nicht aus Eifersucht oder Zorn auf ihren Mann von dessen unehelichem Sohn ab, sondern ist besorgt um ihn und mütterlich darauf bedacht, ihm sein Los zu erleichtern. Sie erkennt aber auch, wie sehr ihr Mann gefehlt hat und was er an Andri verbrochen hat. Zugleich wird der Mutter bewußt, daß sie von ihrem Mann nur deshalb geheiratet wurde, weil sie Andorranerin ist. In dieser bitteren Erkenntnis von der doppelten Moral des Lehrers weist sie ihn aber nicht zurück, sondern hält zu ihm auch während des letzten Auftretens, der Judenschau. Sie bleibt zunächst wie er unvermummt, versucht wie er die Leute von der wahren Identität des Jungen zu überzeugen. Im Grunde ist sie diejenige, die gegenüber Andri – neben Barblin – am wenigsten Schuld auf sich geladen hat.

Die Senora

Die wirkliche Mutter Andris ist von Anfang an sympathisch gezeichnet. Sie tritt überlegen, aber nicht unnahbar oder herablassend auf, zeigt Klugheit, beinahe schon Weisheit und hat eine sehr feine, vornehme Art. Sie unterscheidet sich wesentlich von den Andorranern, die zum größten Teil Schwätzer sind. Ihre Güte bekommt Andri zu spüren, dessen Wunde sie nach der Schlägerei versorgt. Ihr wird vermutlich sofort die ganze Krassheit der antijüdischen Haltung in Andorra bewußt, als sie merkt, daß niemand für Andri einspringt, niemand von allein auf die Idee kommt, für einen Judenjungen einen Arzt zu holen. Doch ist sie nicht ausschließlich gut – und sie macht daraus kein Hehl. Immerhin hat sie aus Feigheit ihren unehelichen Sohn weggegeben, hat ihn nicht in ihrer Obhut behalten, weil es ein Kind mit einem „von drüben“ war. Sie ist sich dieser Schuld durchaus bewußt und gesteht sie auch ein. Sie weiß, daß ihr Idealismus in der Jugend nicht vor den wirklichen Problemen bestanden hat, daß sie in dem Moment versagte, als es gegolten hätte, nach diesen Vorstellungen zu leben. Sie hatte den Mut nicht und hatte gehofft, Can würde ihn besitzen. Als sie später erfuhr, daß er genauso feige war wie sie und den Jungen als Judenkind ausgab, brach für sie der letzte Anhalt für eine Entschuldigung sich selbst gegenüber zusam-

men. Denn nun mußte sie hören, wie sehr Andri außerhalb der Gemeinschaft stand und konnte sich nicht mehr vormachen, daß sie die Leiden ihres Kindes nicht mit zu verantworten hatte.
Ihre Hoffnungen auf den früheren Geliebten hatten getrogen, sie hatte sich in seiner moralischen Integrität ebenso geirrt wie in ihrem Idealismus. Sie versucht Andri bei dem Zusammentreffen in der Lehrersstube einiges davon zu erklären, was er natürlich ohne die Hintergründe und Zusammenhänge nicht verstehen kann. Er bemerkt nur, daß sie eine feine und gütige Frau ist, zu der er gleich zu Beginn ein besonderes Verhältnis gewinnt – wahrscheinlich, weil auch sie anders ist als die anderen. Ihren Gang nach Andorra, mit dem sie Andri noch zu retten versucht, bezahlt sie mit ihrem Leben und sühnt durch ihren Mut, sich ins feindliche Land zu wagen, um ihren Irrtum zu revidieren, ihre Schuld am Leiden Andris.

Der Pater

Auch der Pater ist auf seine Weise eigentlich – schon berufsmäßig – ein Idealist. Er will alle Menschen lieben und gut behandeln, doch auch sein Idealismus versagt. Er kann Andri nicht lieben, wie man in den Gesprächen der beiden erkennt. Der Geistliche spricht an dem Jungen vorbei, hilft ihm auch nicht in seinen Sorgen wegen des Ausgestoßenseins, sondern stellt ihn ebenfalls außerhalb der Gemeinschaft. Wenn der Pater ihm sagt, er habe ihn beobachtet, so muß das Andri kränken, weil er sich ja von allen beobachtet fühlt und nicht weiß, warum sie es tun. Wenn der Pater ihm sagt, er sei klüger als die anderen Jungen und habe eben andere Qualitäten, so macht ihn das keineswegs froh, denn er möchte am liebsten ein ganz normaler Durchschnittsandorraner mit einem ebenso durchschnittlichen Beruf sein. Der Pater versündigt sich in dem Moment, in dem er Andri in eine derartige Sonderstellung rückt, denn er kennt Andri viel zu wenig, um ihn beurteilen zu können. Im Grunde hat er sich ja auch nur ein Bild von dem Jungen gemacht, genauso indifferent mit Vorurteilen durchsetzt wie das vom Wirt oder vom Doktor, nur etwas „menschlicher". Er sieht Andri nicht als „miesen Juden", aber er sieht ihn eben doch falsch. Und damit muß das Gespräch zwischen beiden scheitern.

Andri spürt genau die im Grunde unehrliche Liebe des Paters. Er hat ein feines Gefühl für Heuchelei, da er fast nur gezwungene Freundlichkeit in seinem Leben erhalten hat, außer im Hause seines Vaters. Ihn stört das ewige Handauflegen des Paters, der damit eine gütige Herablassung demonstriert, die Andri beleidigt. Andri fühlt sich nicht wohl beim Pater und will sich aus diesem Grunde auch nicht setzen.
In dem Maße, wie Andri aus seiner Menschenkenntnis heraus dem Pater gegenüber unnahbar bleibt, verliert dieser auch seine demutsvolle Geduld und fängt an, Andri als Vertreter seines vermeintlichen Volkes zu betrachten. Wenn der Geistliche – eigentlich Andri ansprechend – den Plural benutzt, redet er an ihm vorbei zu einer ganzen Gruppe von Menschen, die er ohne Individualismus sieht und rundweg in einen Topf wirft.
Gegenüber Andris Zusammenbruch bleibt der Pater beim ersten Dialog beinahe kühl und eher peinlich berührt als hilfreich. Diese Hilflosigkeit kommt erst recht im zweiten Gespräch zum Ausdruck, als Andri der Bestimmte, Sichere ist, der nunmehr seinen Platz gefunden hat, während der Pater in der verschwommenen Masse seiner christlichen Nächstenliebe und der tiefsitzenden Ablehnung der Juden verharrt und deshalb dem Jungen wieder gar nichts geben kann.
Dennoch ist der Pater nicht schlecht oder dumm und oberflächlich, er ist einfach unfähig, diesen völlig anders gelagerten Fall der Seelenführung in den Griff zu bekommen. Seine Reue in der Zwischenszene ist echt. Er hat begriffen, wie sehr er gefehlt hat, als er sich von dem Menschen Andri ein Bildnis machte, ein völlig falsches Bild. Er hat sich aber nicht nur dadurch schuldig gemacht, sondern auch durch sein feiges Schweigen, als er für Andri hätte Zeugnis ablegen müssen gegen die Beschuldigung, der Junge habe den Stein auf die Senora geworfen. Er hatte zu diesem Zeitpunkt das Gespräch mit Andri, setzte sich jedoch nicht für den Jungen ein.
Frisch stellt den Pater aber bei seiner Verantwortungsrede vor dem Publikum nicht hinter die Zeugenschranke. Ihn, den einzig Bereuenden, nimmt er aus und läßt ihn auf der leeren Bühne bei seinem Geständnis knien. Der Pater rechtfertigt sich auch mit keinem Wort, sondern durchbricht jene kollektiven Zwangsvorstellungen und bekennt im Höhepunkt sei-

ner kurzen Beichte: „Auch ich habe ihn an den Pfahl gebracht".

Der Wirt, der Tischler, der Doktor, der Soldat, der Geselle

Sie sind – fast möchte man sagen typische – Vertreter ihres Volkes. Aber schon dieses Adjektiv zu gebrauchen, hieße vermeintlich an Frisch vorbeizuinterpretieren. Diesen „typischen" Vertreter gibt es eben nicht für ihn, weil dies wieder ein Bildnis bedeuten würde. Entsprechend farbig und individuell hat er sie auch gestaltet, jedem nach seiner Bildung und Geisteshaltung eine andere Sprache und Gebärde gegeben. Sogar der Jemand ist nicht der Andorraner schlechthin, sondern nur stellvertretend auf der Bühne für die vielen anderen, auch noch vorhandenen Landsleute, die einzeln zu zeigen unmöglich wäre. Nur wird damit klar, daß es nicht nur die fünf oder sechs besonders herausgerückten Personen waren, die Andri seelisch mißhandelten, sondern daß die anderen durch völlige Unpersönlichkeit das ihre dazu beitrugen, daß Andri zu dem wurde, als der er sterben muß.
Der Wirt und der Tischler sind sich in ihrer Art recht ähnlich. Der Wirt ist allerdings etwas leutseliger – beruflich bedingt – und aufgeschlossener; er ist auch etwas verbindlicher gegenüber seinem ständigen Gast, dem Lehrer, als sich der Tischler zu Can verhält. Aber beide haben dieselbe Geldgier, die sie allerdings prompt „dem Juden" zuschreiben. Der Wirt gesteht jedoch, daß auch die Andorraner viel vom Geld halten. Aber im gleichen Atemzug macht auch er sein Geschäft mit dem Vater, als dieser für die Tischlerlehre ein Grundstück verkaufen will. Er mag Andri gar nicht, wie er dem Lehrer gesagt hat. Dies geht aus der Szene hervor, als Andri zusammengeschlagen wird. Nicht im geringsten hilft er ihm, sondern gibt ihm noch die Schuld dafür. Ein Jude hat eben durch seine alle anderen herausfordernde reine Gegenwart Schuld an allem, was ihm zustößt. Erst auf das Drängen der Senora besorgt er einen Arzt. Die Senora nimmt er nur im Hause auf, weil er dafür sein gutes Geld erhält. Offiziell begründet er es damit, daß sich Andorra ja nicht ungastlich zeigen dürfe. Genau genommen prostituiert er sich für dieses Geld – entgegen seiner wahren Auffassung über die „Schwarzen". Er war es auch, der den Stein

geworfen hat, mit dem die Senora getötet wurde. Frisch macht dies eigentlich nur indirekt deutlich. Der Wirt hebt bei der Judenschau den Stein auf; er läßt ihn erschrocken fallen, als er vom Vater für schuldig gehalten wird. In diesem Moment verhüllt er sich auch, während er sich zuvor dagegen gewehrt hatte, aus Angst, als Steinwerfer identifiziert zu werden. Zuvor hatte er einmal geprahlt, er wäre der erste, der einen Stein werfen würde. Unter der freundlichen Maske verbirgt sich beim Wirt also sogar Gewalttätigkeit.

Der Tischler wird gleich zu Anfang nicht gerade sympathisch dargestellt. Der Zuschauer kann schon zu Beginn erkennen, daß er den Lehrer finanziell zu übervorteilen sucht, als er ein Wuchergeld fordert für eine Lehre Andris. Er hat gleich fertige Urteile über die beruflichen Qualitäten des „Juden" zur Hand und „weiß" genau, daß ein Jude den Tischlerberuf nicht „im Blut haben" kann. So hat er auch kein schlechtes Gewissen dabei, als er bei Andris Lehrlingsstück den falschen Stuhl nimmt, Andris Einwände völlig überhört und ihn – trotz des teuren Lehrgeldes – schließlich in die kaufmännische Laufbahn gibt. Die Tatsache, daß Andri auch darin geschickt ist, bestätigt ihm sicherlich, recht gehabt zu haben mit dem „Blut" des Juden, in dem halt das „Schnorren" steckt.

Der Geselle ist ein feiger junger Mann ohne das geringste Rückgrat, der vor seinen Freunden angibt, sich stark macht, dann jedoch bei der geringsten Autoritätsbezeugung umfällt. Er zündet in der Werkstatt eine Zigarette an, was verboten ist, gibt dann aber vor dem Meister nicht zu, geraucht zu haben. Er widerspricht auch nicht, als sein schlechter Stuhl als der Andris geprüft wird. Obwohl er zunächst so tut, als ob er Andris Freund sei, geht ihm dieser auf die Nerven mit seinem Händereiben als Äußerlichkeit und der für ihn nicht ganz greifbaren Art insgesamt. Andri will das nicht bemerken, sondern freut sich ganz einfach über seinen Arbeitskameraden, der ihn sogar in die Fußballmannschaft bringen will. Um so enttäuschter ist er über den feigen Verrat des vermeintlichen Freundes.

Der Soldat ist der dümmste und gröbste der Andorraner. Schon in seiner Sprache kommt dies ganz klar zum Ausdruck. Er drischt nur Phrasen, macht sich stark, denkt in Schablonen und stellt selbst den Mädchen, die ihn ablehnen, auf unangenehm aufdringliche Art nach. Er besitzt nicht einen Funken Taktgefühl oder Feinheit. Daß seine Primitivität gefährlich werden kann, beweist sich in den Tätlichkeiten gegenüber Andri bis zur Vergewaltigung von Barblin. Denn die Szene, als Peider in die Kammer schleicht, soll nach dem Wunsch von Frisch genau dieses ausdrücken, nicht etwa, daß Barblin von sich aus einen Treuebruch begangen hat. In den „Notizen von den Proben der Züricher Aufführung", die Frisch gemacht hat, wird das deutlich; zugleich auch, daß diese Szene einer der kritischsten Punkte des Stückes überhaupt ist, weil damit die Figur der Barblin steht oder fällt. Noch bei den Proben, sogar noch nach der Aufführung von „Andorra", änderte Frisch die Ausführung dieser Szene. Frisch schreibt: „Andri vor der Kammer der Barblin, der Soldat kommt, Andri schläft; laut Text: nachdem der Soldat seine Stiefel abgestreift hat, steigt er über Andri hinweg und verschwindet in der finsteren Kammer. – Das geht nicht, das Ausziehen der Stiefel; schon beim bloßen Markieren denkt man an Fußschweiß. Überhaupt hängt von dieser Pantomime, wie der Soldat über den schlafenden Andri in die Kammer kommt, vieles ab. Hat Barblin ihn bestellt? Oder kann der Soldat auch nur hoffen, daß sie ihn uneingestandenerweise erwartet? Da kein Text gesprochen wird, ist alles offen ... Der stumme Gang, den der Soldat hier zu spielen hat, entscheidet über das Wesen der Barblin. Ein lehrreicher Fall: Barblin, in der Szene nicht sichtbar, kann vorher und nachher spielen, wie sie will, unsere Meinung über sie wird entstehen in einer Szene, da sie selbst nicht auf der Bühne ist, also ohnmächtig, in einer Pantomime zudem, also zwischen den Zeilen ... Am Schluß derselben Szene, als Andri die Tür aufsprengen will, hat Barblin, laut Buch, einen Schrei auszustoßen. – Auch das geht nicht. Die Schauspielerin, die hinter der Wand steht, um diesen Schrei zu liefern, ist unglücklich, ohne zu wissen warum. Es sei ihr nicht wohl bei diesem Schrei, und sie hat recht. Wir sitzen vorne und erleben (einmal mehr) den Unterschied zwischen Bühne und Erzählung; dieser Schrei, ausgeführt, hat eine unvermutete Wirkung: ihre Stimme, wie immer sie sei, liefert den Körper des Mädchens in einem Grad, der jetzt unerträglich ist, der Schrei zieht sie aus ... Also wird der Schrei gestrichen.

P. S. Nach der Aufführung melden sich Zuschauer bekümmert, was sie von dieser Barblin nun zu halten haben, und wenn die Unklarheit, ob sie den Soldaten hat haben wollen oder nicht, meines Erachtens auch nicht einen Schwerpunkt der Fabel betrifft, so ist sie doch bedauerlich; ... Der Schrei, der nicht ging, fehlt nun doch. Ihr Stummbleiben ist mißdeutbar. Ich ändere nochmals: Barblin schreit – aber zu einem anderen Zeitpunkt, nicht am Ende der Szene, sondern kurz nach dem Eintritt des Soldaten, sie will schreien, der Soldat hält ihr sofort den Mund zu; das kennzeichnet ihn als Vergewaltiger." (in Spektaculum V, S. 277 f.)

Der Soldat führt die ungefüge und dumme Rede des Kraftmeiers, durchsetzt durch zotige Gewaltausdrücke, unüberlegt und prahlerisch die erhaltenen Propaganda-Parolen wiederholend, die man ihm beigebracht hat: „Lieber tot als Untertan", „Order ist Order", „bis zum letzten Mann". Als die „Schwarzen" dann tatsächlich einrücken, ist von Mut keine Rede mehr. Er stellt sich sofort auch für deren Befehle zur Verfügung und ändert nunmehr auch seine Parolen, indem er die der Feinde übernimmt. Der Soldat verkörpert die prahlerische Gesinnungslosigkeit in Uniform, abhängig von Befehlen und unfähig zu eigenen Entscheidungen.

Der Doktor ist ebenso prahlerisch wie Peider, ist auch trotz seines Fachwissens dumm. Er ist ein Angeber, halbgebildet und aufgeblasen. Er trägt stets vaterländisches Pathos zur Schau, hinter dem er seine Minderwertigkeitskomplexe verbirgt. Vor den Andorranern gibt er sich mit seinen Auslandserfahrungen einen weltmännischen Anstrich. Er benutzt das Wort „Welt" fast genauso oft wie den Namen seines Vaterlandes. Darin kommt sein verdeckter Komplex zum Ausdruck, den er wegen seines Versagens im Ausland hat. Er gibt ja indirekt zu, daß er nirgendwo etwas geworden ist. Daher entspringt auch sein neidvoller Haß auf die Juden, die ihm alle Lehrstühle vor der Nase wegschnappten, weil sie vermutlich die besseren Wissenschaftler waren. Daß er nicht einmal seinen Arztberuf beherrscht, merkt man, als er auf Andris Frage, was ein Virus ist, die Antwort schuldig bleibt. Sein Haß auf die Juden drückt sich in Wörtern wie „hocken" statt „sitzen" aus, die er sonst als auf eine gebildete Sprache achtender Mann nicht gebrauchen würde. Seine Leutseligkeit und gleichzeitig Herablassung gegenüber weniger Gebildeten kommt in den häufigen sich zugleich verbrüdernden wie distanzierenden Anreden wie „mein junger Freund", „liebe Frau", „mein Freund", zum Ausdruck. Daß er ein Schwätzer ist, wird auch aus seiner Zeugenaussage deutlich, die er zwar mit der Versicherung einleitet, sich kurz halten zu wollen, die dann aber durch lauter dumme Phrasen länger wird als alle anderen und genauso wenig ausdrückt. Als die „Schwarzen" kommen, gibt er sich zunächst besonnen und ruft zur Ruhe auf. Dann findet er aber auch schon anerkennende Bemerkungen über den Judenschauer. Sein Opportunismus wird deutlich darin, daß er Amtsarzt bleibt.

Alle gemeinsam haben sie, daß sie ihre Schuld gegenüber Andri nicht anerkennen. In den Zwischenszenen, in denen sie hinter der Zeugenbank stehen, machen sie immer noch antisemitische Äußerungen. Ihr Eingeständnis eines Versagens bezieht sich nicht etwa auf ihre Haltung gegenüber Andri, sondern sie geben lediglich zu, sich über seine Herkunft getäuscht zu haben. Dafür wiederum konnten sie nun wirklich nichts. Von ihren falschen Vorstellungen über die Juden distanzieren sie sich nicht. Sie bedauern, einem Falschen gegenüber ihre Judenabneigung gezeigt zu haben, das ist auch alles. Wäre „er einer gewesen", fänden sie ihr Verhalten ganz in Ordnung. Der Soldat glaubt sogar bis zum Schluß nicht, daß Andri Andorraner war, und der Doktor meint entschuldigend, er habe tatsächlich etwas Jüdisches an sich gehabt. Erschrocken zeigen sie sich im Stück nicht so sehr über den Tod Andris – er läßt sie kalt, da er einen ungeliebten Außenseiter traf – sondern über das Abhauen seines Fingers. Insgesamt behalten sie trotz der Vorkommnisse, trotz der grausamen Judenverfolgung, ihre ganze Abneigung gegenüber denjenigen, die angeblich anders sind. Die innere Freiheit, nunmehr geläutert in einem Fremden einfach den Menschen zu sehen, haben sie nicht gewonnen.

Der Judenschauer

Er bleibt während des ganzen Auftritts stumm, was sicherlich kein Zufall ist. Er erinnert an einen Computer, der gespeist ist mit bestimmten Aufgaben und diese puppenhaft funktionierend ohne Ansatz von Gefühl ausführt. Wo kein Gefühl ist, weder positiv noch negativ, ist auch keine Sprache. Er ist der Beamte des Bösen, des Mordes, genauso unmenschlich geworden wie das Regime, das er vertritt.

Barblin

Barblin hat im Grunde nur eine einzige hervorstechende Charaktereigenschaft: sie liebt Andri. Ansonsten ist sie einfach ein braves, gläubiges, ängstliches Mädchen, das nur da zu leben beginnt, wo es um Andri geht. Da verteidigt sie sich und ihren bisher ungenannten Verlobten vor dem Soldaten, geht auch auf seine plumpen Werbungen nicht ein; sie ist übersensibel im Erahnen des bevorstehenden Bösen, das aus ihrer Angst und Sorge um Andri entspringt, und hält trotz der Vergewaltigung durch Peider in ungewandelter Treue zu Andri, auch als er sich von ihr abwendet. Sie findet nicht die Worte, um ihm die Wahrheit zu sagen, was sich mit dem Soldaten zugetragen hat, und erduldet seine wüsten Vorwürfe, ohne ihrerseits grob zu ihm zu werden. Sie scheut vor ihm zurück, seit sie weiß, daß er ihr Halbbruder ist, aber sie liebt ihn dennoch unvermindert weiter. Trotzdem versteht auch sie ihn nicht richtig. Beide sprechen ständig aneinander vorbei. Barblin geht gar nicht auf Andri ein, kann ihn in seinen Sorgen, aber auch in seiner Freude nicht so recht einschätzen. Als er ihr fast übermütig die Mitteilung macht, er werde Tischler, geht sie stumm mit der Prozession mit, wahrscheinlich gar nicht begreifend, was dies für ihn bedeutet. Ebenso wie ihre Eltern setzt sie sich jedoch für Andri mutig vor der Judenschau ein, als sie mit allen versammelten Andorranern noch einmal sprechen will. Sie riskiert dabei, geschoren zu werden, aber dies ist ihr nicht so wichtig. Sie bleibt Andri noch über seinen Tod hinaus treu. Sie wird wahnsinnig und hütet seine Schuhe für den Fall, daß er zurückkommt.

Es ist auffällig, daß es die drei Frauen des Stückes sind, die Andri nicht schablonenhaft sehen, sondern ihn liebend als den erkennen, der er ist – jede von ihnen natürlich aus einer anderen Warte. Eine Erklärung dazu findet sich in Frischs „Tagebuch" zum Stoff „Als der Krieg zu Ende war: „Und wichtig scheint mir auch, daß es eine Frau ist, die diese rettende Überwindung schafft; die Frau: konkreter erlebend, eher imstande, einen einzelnen Menschen als solchen anzunehmen und ihn nicht unter eine Schablone zu begraben." (a. a. O., S. 165)

In den „Anmerkungen des Autors" zum Stück gibt Frisch auch zu den Personen Anweisungen. Dabei macht er deutlich, daß seine Personenbezeichnung eine gewisse Gefahr in sich birgt: „Einige Rollen können zur Karikatur verführen. Das sollte unter allen Umständen vermieden werden. Es genügt, daß es Typen sind. Ihre Darstellung sollte so sein, daß der Zuschauer vorerst zur Sympathie eingeladen wird, mindestens zur Duldung, indem alle harmlos erscheinen, und daß er sich immer etwas zu spät von ihnen distanziert, wie in Wirklichkeit." (in Spektaculum V, S. 276)

3.5 Problemkreise

„Andorra" ist ein Mahnmal gegen das todbringende Vorurteil. Mit diesem Satz kann in großen Zügen der Sinn dieses Stückes umrissen werden. Frisch hat hier das ihn existentiell bewegende Thema vom Bildnis aufgegriffen, das einen Menschen bis zur Zerstörung verfolgen kann, unabhängig von seiner Wirklichkeit. Schon in seinen vorhergehenden Werken hatte Frisch dieses Thema aufgezeigt: daß ein Bildnis, das wir von einem Menschen unabhängig von seinem wahren Wesen entwerfen, eine tödliche Wirkung haben kann. Der kniende Pater spricht dieses Anliegen von Max Frisch sehr klar aus: „Du sollst Dir kein Bildnis machen von Gott, deinem Herrn, und nicht von den Menschen, die seine Geschöpfe sind. Auch ich bin schuldig geworden damals. Ich wollte ihm mit Liebe begegnen, als ich gesprochen habe mit ihm. Auch ich habe mir ein Bildnis gemacht von ihm, auch ich habe ihn gefesselt, auch ich habe ihn an den Pfahl gebracht."
Diese große Selbstanklage ist das, was Frisch erreichen will; wer über „Andorra" nachdenkt, muß, wenn er ehrlich ist, gestehen, daß auch er schon jemanden gefesselt hat mit einem vorgefertigten Bildnis, das der eigenen Phantasie oder Mencheneinschätzung entspringt, nicht aber unbedingt der der Wirklichkeit eines Menschen. Dies kann durchaus im Kleinen geschehen, indem man einem Menschen von vornherein gewisse Qualitäten abspricht; wenn man ihn unsympathisch findet und dann Fehler heraussucht, die er nicht zu haben braucht; wenn man bösen Leumund verbreitet über einen Mitmenschen, sei es auch im guten Glauben, daß es stimme. Frisch hat sich mit diesem Stück gewiß

nicht nur gegen rassische Vorurteile und Verfolgungen verwahrt. Die Geschehnisse im Nazi-Deutschland waren für ihn sicherlich letzte Auslösung für das Stück, haben die Fabel in ihm wachgerufen. Aber wie mit „Andorra" nicht der Zwergstaat in den Pyrenäen gemeint ist, darf nach dem Willen von Frisch auch kein Bezug zu einem anderen bestimmten Staat gesehen werden. Er versteht „Andorra" als Modell, als Sinnbild für eine Gruppe, die als Kollektiv das Andersartige nicht nur nicht gelten läßt, sondern es in letzter Konsequenz zerstört.

Carol Petersen interpretiert: „Es soll ... nicht als direktes Lehrstück gegen den Antisemitismus verstanden werden – da es diesen in einen noch umfassenderen Zusammenhang stellt –, so verdienstvoll es auch ist, daß Frisch gerade im Spektrum des Judentums das Schicksal eines entrechteten Angehörigen einer Minderheit aufleuchten läßt, der zuletzt gar nichts anderes mehr will als die ihm aufgezwungene Fremdheit und Not. Nach den ungeheuren Verbrechen, geschehen am Judentum in unserem Jahrhundert, kann ein solches Drama, als Nebenwirkung zumindest, nicht anders denn als Fanal wirken und zur Neubesinnung aufrufen." (Petersen, a. a. O., S. 83)

Hans Magnus Enzensberger merkt dazu an: „Aber damit wir uns, und damit wir Frisch richtig verstehen: ‚Andorra' ist kein historisches Drama, und es ist erst recht keine Aktualität in jenem Sinn, der die bekannten kurzen Beine hat. Die ‚Schwarzen' sind nicht die SS, der Judenschauer ist nicht Eichmann, und nicht einmal der Jude ist ein Jude. Das Stück ist ein Modell: will sagen, nicht die Darstellung dessen, was war, sondern dessen, was jederzeit und überall möglich ist. Heut oder morgen kann der ‚Jud' Kommunist heißen oder Kapitalist, oder Gelber, Weißer, Schwarzer, je nachdem. Gemeint ist nicht die andere Gegend, nicht dem seinerzeit und anderswo wird der Prozeß gemacht, sondern der je eigenen; der am meisten, die sich am schuldlosesten vorkommt, aufs Weltgewissen beruft und in die Brust wirft, in der Meinung, bei uns könne dergleichen nie und nimmer passieren."

Helmut Krapp schreibt: „In Wahrheit beruht jedoch die scheinbare Nähe zur empirischen Wirklichkeit, die alle Werke Frischs kennzeichnet, auf einem genau berechneten Abstand von ihr. Zwischen beiden herrscht ein Verhältnis

nicht der Ähnlichkeit, sondern des Vergleichs. Das ist einer der Gründe, weshalb die Handlungen zumal seiner Stücke so mühelos übers Stoffliche hinauskommen und sich zum Gleichnis, zur Parabel oder – wie in „Andorra“, weil auf ein soziales Gebilde bezogen – zum „Modell“ verdichten. Das hat mit dem besonderen, keineswegs nur ästhetischen Begriff von Wirklichkeit zu tun, wie Frisch ihn gelegentlich definiert. ‚Wirklich nennen wir nicht, was geschieht‘, heißt es einmal im ‚Tagebuch‘, sondern wirklich nennen wir, was ich an einem Geschehen erlebe; und dieses Erlebnis, wie wir wissen, kümmert sich nicht um die Zeit: es ist möglich, daß wir ein Geschehen immer wieder erleben.“ (in Spektaculum V, S. 282 ff.)
Gegenüber Horst Bienek sagte Frisch einmal: „Jedes Ich, auch das Ich, das wir leben und sterben, (ist) eine Erfindung.“ An einer Stelle im „Tagebuch“ brachte er das Beispiel von seiner Mutter, die ganz geschickt wurde im Strikken, weil eine Lehrerin ihr einmal gesagt hatte, sie könne das nicht. Krapp faßt zusammen: „Frischs Grunderfahrung ist der Widerspruch zwischen der möglichen wahren und der tatsächlich gelebten Existenz des Menschen, die Geschichte von Andri und vom antisemitischen Andorra die politische und tragische Metapher dafür.“
Alles fängt damit an, daß der Lehrer, stets den Anspruch höchster Moralität erhebend, sich entgegen der Forderungen des Kollektivs seiner Landsleute verhalten hat. Mit einer Fremden, noch dazu einer Frau aus dem feindlichen Lager der „Schwarzen“, bekam er ein uneheliches Kind. Beide hatten ein Herz voller Ideale, sie liebten sich, und die Konsequenz war im Grunde ganz in Ordnung und keineswegs verbergenswert. Die Senora sagt im Stück zu Andri: „Wir wollten eine andere Welt. Wir waren jung wie du, und was man uns lehrte, war mörderisch, das wußten wir. Und wir verachteten die Welt, wie sie ist, wir durchschauten sie und wollten eine andere wagen. Und wir wagten sie auch. Wir wollten keine Angst haben vor den Leuten. Um nichts in der Welt. Wir wollten nicht lügen. Als wir sahen, daß wir die Angst nur verschwiegen, haßten wir einander.“
Damit sagt die Senora die bittere Wahrheit über sich selbst und Can, den Lehrer, der die Angst nur verschwieg und dessen Welt nunmehr auch eine einzige Lüge wurde. Sie gibt damit zugleich den Schlüssel zum Verständnis der Aus-

gangssituation und ihres Verhaltens. Es ist keine Entschuldigung, sondern eine Rechtfertigung vor ihrem Sohn, der ihre Fehler jetzt austragen muß. Es ist zugleich ein Appell von Frisch an diejenigen, die auch Angst haben, keine Lügen in die Welt zu setzen, um nicht einen nicht mehr zu revidierenden Irrtum aufzubauen. Es ist darüber hinaus seine Warnung vor dem Kollektivzwang. Denn wäre diese Basis der kollektiven Erwartung in den einzelnen nicht gewesen, hätte man dem Individuum seine Freiheit gelassen, wäre es nicht zu dieser Lüge Cans und nicht zu Andris Tod gekommen. Aber in einer Welt, die wohl kaum diesen Verhaltenszwang abbauen wird, solange es Klassen, Völker, Staaten gibt, ist der einzelne aufgefordert, nicht bis zur Selbstaufgabe seiner Ideale sich diesen Fesseln unterzuordnen.

Soweit es sich lohnt, halten die Andorraner die vorgetäuschte Handlung des Lehrers, der vermeintlich ein Judenkind vor den Verfolgungen der „Schwarzen" gerettet hat, für lobenswert und verwöhnen Andri. Aber bald kommt auch bei den Andorranern wieder dieses Gefühl von weißen Schafen gegenüber einem schwarzen Schaf durch. Sie brauchen einen Sündenbock, dem sie die negativen Eigenschaften aufladen können, die sie in sich selbst sehen, vor denen sie Abscheu haben, in den man alle Negativvorstellungen investieren kann, an dem man die aufgestauten Aggressionen abreagieren kann. So machen sie aus Andri den, den sie haben wollen. In ständiger Selbstbeobachtung – die andern beobachten ihn ja auch – erkennt er wirklich die ihm angedichteten Eigenschaften, weil er sie „an den Haaren" herbeizieht. Er erkennt, was an Negativem in jedem steckt, in sich selbst, weil er sich besser kennt als es die meisten tun. Jeder Andorraner müßte dieselben Charakterzüge auch an sich rügen. Sie leben sie ja so deutlich wie nur möglich vor, aber sie wollen sie nicht wahrhaben – vielleicht noch gerade bei den anderen Landsleuten; bloß nicht für sich selbst, da auf gar keinen Fall. Der Wirt, der seine Landsleute als geldgierig ansieht, bemerkt diesen Zug bei sich selbst keineswegs. Jedenfalls benimmt er sich so, als würde er ihn nicht erkennen (Ankauf des Grundstückes von Can, Zimmervermietung an die Senora). Feige sind sie allesamt, denn niemand leistet den Feinden Widerstand. Diejenigen, die am mutigsten gebrüllt haben, wie der Soldat und der Doktor, die die Tugenden ihrer Heimat gerühmt haben über die aller anderen Staaten, sie werden zuerst Handlanger beziehungsweise sind Opportunisten bei den „Schwarzen". Aber ob Andri erkennt, daß die anderen auch nicht mutig sind, auch ans Geld denken, oder ob er es nicht sieht, wäre unwesentlich. Ihn interessiert nur, daß man ihn dafür leiden läßt, daß es schlechte Eigenschaften auf der Welt gibt. Zum Schluß glaubt Andri sich identisch geworden mit dem Vorurteil der anderen, hat sich selbst angenommen, wie der Pater es ihm empfohlen hat in dem ersten von der Mutter initiierten Gespräch. Anschließend weiß er, daß er Jude ist, erkennt die Unterschiede an, die ihn von den anderen trennen, wird eigenbrötlerisch und grüßt nicht mehr, wie der Geselle später hinter der Zeugenschranke kritisiert.

Das auslösende Moment für diese Haltung Andris war die Weigerung des Vaters, ihm Barblin zur Frau zu geben. Der Vater hätte Andri in diesem Augenblick spätestens die Wahrheit sagen müssen. Diese Unterlassung häuft seine Schuld gegenüber dem Sohn noch an, der nun denken mußte, auch dem Lehrer sei die eigene Tochter zu schade für „den Jud". Andri, der wohl damit die bis dahin härteste Enttäuschung seines Lebens erfahren hat, macht eine Wandlung durch. In der erschütternden Szene vor Barblins Kammer, als sich dort schon sein endgültiger Zusammenbruch in Gestalt der Vergewaltigung des Mädchens durch Peider anbahnt, er davon aber noch nichts weiß, findet er nach ergreifenden lyrischen Tönen für die Tiefe und Zartheit der Nacht die bittersten Worte für seine neue Lebenssicht. „Ich schleiche nicht länger umher wie ein bettelnder Hund. Ich hasse. Ich weine nicht mehr. Ich lache. Je gemeiner sie sind wider mich, um so wohler fühle ich mich in meinem Haß. Und um so sichrer. Haß macht Pläne . . . . Haß macht listig. Haß macht stolz. Eines Tags werde ich's ihnen zeigen. Seit ich sie hasse, manchmal möcht ich pfeifen und singen, aber ich tu's nicht. Haß macht geduldig. Und hart." Seinem Vater gegenüber ist er völlig verändert, gebraucht gegenüber dem betrunken nach Hause kommenden Can böse Worte, die ihm sonst gar nicht zu eigen sind. Aber noch gibt es einen erfreulichen Punkt in seinem Leben, noch gibt es einen Menschen, den er liebt. Noch in dieser Nacht sieht er sich jedoch auch hier enttäuscht, als er den Soldaten in Barblins

Kammer vorfindet. Da Andri sich gegenüber dem vorangegangenen Haßgeständnis nicht mehr steigern kann, es auch peinlich würde, wenn er sich jetzt in eine dramatische Pose brächte, läßt Andri sein Entsetzen, seinen Zusammenbruch nur mit den Worten aus: „Das ist nicht wahr . . .". Mehr nicht. Erst in dem Gespräch mit dem Pater löst sich seine Trauer in Tränen.
Endgültig angenommen hat sich Andri im zweiten Gespräch mit dem Pater. In dieser Szene bekennt sich Andri mit echtem Pathos – im Gegensatz zu dem unechten des Doktors und dem beruflich bedingten des Paters – zu seinem Schicksal. Rolf Eckart meint: „Seine Sprache ist nicht mehr die des einfachen Küchenjungen oder Tischlerlehrlings, sondern die biblisch-ernste und getragene des tragischen Helden, der über sich selbst hinauswächst." (Rolf Eckert, Max Frisch Andorra, S. 33)
Er setzt jetzt seine Wahrheit, seine erlebte Wirklichkeit, gegen die Wahrheit der Facts, die für ihn nicht gelten. Andri ist zum Juden geworden und fühlt sich nicht Vater oder Mutter verbunden, sondern dem Volk der Leidenden, Geschändeten, An-den-Pfahl-gebrachten. „Ich möchte nicht Vater noch Mutter haben, damit ihr Tod nicht über mich komme mit Schmerz und Verzweiflung und mein Tod nicht über sie. Und keine Schwester und keine Braut: Bald wird alles zerrissen, da hilft kein Schwur und nicht unsre Treue. Ich möchte, daß es bald geschehe. Ich bin alt. Meine Zuversicht ist ausgefallen, eine um die andere, wie Zähne. Ich habe gejauchzt, die Sonne schien grün in den Bäumen, ich habe meinen Namen in die Lüfte geworfen wie eine Mütze, die niemand gehört wenn nicht mir, und herunter fällt ein Stern, der mich tötet. Ich bin im Unrecht gewesen, anders als sie dachten, allezeit. Ich wollte recht haben und frohlocken. Die meine Feinde waren, hatten recht, auch wenn sie kein Recht dazu hatten, denn am Ende seiner Einsicht kann man sich selbst nicht recht geben. Ich brauche jetzt schon keine Feinde mehr, die Wahrheit reicht aus. Ich erschrecke, so oft ich noch hoffe. Das Hoffen ist mir nie bekommen. Ich erschrecke, wenn ich lache, und ich kann nicht weinen. Meine Trauer erhebt mich über euch alle, und so werde ich stürzen. Meine Augen sind groß von Schwermut, mein Blut weiß alles, und ich möchte tot sein. Aber mir graut vor dem Sterben. Es gibt keine Gnade."

Diese Szene ist ein Schwerpunkt des Stückes. Hier ist Andri voll zu begreifen, hier hat er sich ganz begriffen. Er sieht seine Entwicklung: wie kein Hoffen sich erfüllte, jede Zuversicht enttäuscht wurde. Er gebraucht Bilder, die er in glücklichen Szenen benutzt hat: „die Sonne schien grün in den Bäumen", „ich habe meinen Namen in die Lüfte geworfen wie eine Mütze". Nur jetzt wird die Wandlung deutlich: „und herunter fällt ein Stein, der mich tötet." „Ich brauche keine Feinde mehr," meint Andri, „die Wahrheit reicht aus". Die Wahrheit war es wirklich, die ihn getötet hat, aber nicht die faktische, sondern die von den Menschen geschaffene. Frisch hat ja, wie schon erwähnt, diese Frage nach der Wirklichkeit einer Persönlichkeit zu einer Kernfrage seiner Arbeit überhaupt gemacht. In dem bereits zitierten Interview mit Horst Bienek sagte Frisch: „Jeder Mensch erfindet früher oder später eine Geschichte, die er, oft unter gewaltigen Opfern, für sein Leben hält, oder eine Reihe von Geschichten, die mit Namen und Daten zu belegen sind, so daß an ihrer Wirklichkeit, scheint es, nicht zu zweifeln ist. Trotzdem ist jede Geschichte, meine ich, eine Erfindung. Und daher auswechselbar. Man könnte mit einer fixen Summe gleicher Vorkommnisse, bloß indem man ihnen eine andere Erfindung seines Ichs zugrunde legt, sieben verschiedene Lebensgeschichten nicht nur erzählen, sondern leben. Das ist unheimlich."

Bei Andri war der Weg zu seiner erfundenen Identität allerdings genau der entgegengesetzte. Er wollte gar keine Geschichte seines Lebens erfinden, er wollte ohne großes Nachdenken einfach sein Leben genießen. Ihn zwangen die anderen, sich sein Leben zurechtzulegen, bis eine für ihn wahre Lebensgeschichte daraus wurde. Und für diese Wahrheit – die einzige, die er anerkannte, die stärker war noch als seine Feinde, die jeden Feind ersetzte – mußte er sterben.

Frisch hat in „Andorra" das Böse nicht allein in einem einzelnen gezeigt, sondern massiert als Gruppenschlechtigkeit. Er hat hier das Gruppenversagen und die Kollektivschuld gegeißelt, die sich allerdings zusammensetzt aus den Vorurteilen und Gedankenlosigkeit des Individuums, aus der diese Gemeinschaft besteht. „Es hängt etwas in der Luft", meint der Jemand am Anfang des Stückes. Diese Worte sind sinnbildlich gesprochen auch für die Atmosphäre, die über Andorra liegt. Der Massenwahn hat sich ausgebreitet in diesem Land, das im krassen Gegensatz dazu „geweißelt“ wird, um seine Unschuld zu demonstrieren. Der Soldat macht – wieder symbolhaft zu verstehende – Andeutungen darüber, daß nicht alles in Andorra so weiß ist. Ein Platzregen könnte zum Beispiel die Farbe der Unschuld von der Kirche waschen, die blutroten Untergrund verberge. Hier denkt man unwillkürlich an die alte magisch-kultische Annahme, daß eine äußerliche Verwandlung auch innere neue Kräfte mobilisieren könne. Ferner erinnert man sich an die Reinwaschung zum Zeichen der Entsühnung. Zum Schluß des Stückes weißelt Barblin noch einmal, aber als Wahnsinnige nur den Fußboden. Hier wird das Reinwaschen, Entsühnenwollen ganz deutlich, denn sie sieht überall Blut, das sie überweißeln will, damit es wieder ein „schneeweißes Andorra“ werde. Sie will damit die alte Unschuld wiederherstellen. Das drohende Unwetter und Gewitter, vom Jemand und vom Soldaten ins Spiel gebracht, vom Pater und Barblin gefürchtet, ist demgegenüber Symbol für das drohende Unheil.

Ebenfalls Symbolcharakter haben die schwarzen Tücher bei der Judenschau, der Stein, die Zeugenschranke und der Pfahl. Die Tücher bei der Judenschau, einer mancherorts wegen ihrer Überspitzung kritisierten Szene, deuten auf das Verhüllen und Enthüllen der Wahrheit hin. Scheinbar gerecht ist der Judenschauer, Bürokrat der totalitären Willkür, indem er ohne Ansehen der Person urteilt. Nicht der Justitia sind hier jedoch die Augen verbunden, sondern die zu Richtenden sind verhüllt. Der Kommentar des Lehrers gibt die letzte Klarheit: „Wer unter ihnen der Mörder ist, sie untersuchen es nicht. Tuch drüber! Sie wollen's nicht wissen.“

Der Stein ist ein Symbol der Schuld. Der Täter, der die Senora mit einem Steinwurf getötet hat, gesteht diese Schuld zwar nicht, nicht einmal hinter der Zeugenschranke, sondern er offenbart sich lediglich durch Gesten und vorhergegangene Äußerungen. Doch nicht nur darin liegt der Sinngehalt des Steines in „Andorra“. Mit dem Steinwurf erinnert man sich an die Geschichte in der Bibel von den Pharisäern, die Jesus angesichts einer Ehebrecherin auffordert: „Wer unter Euch ohne Sünde ist, der werfe den ersten Stein.“ Andorraner und Pharisäer haben viel gemein in dem Stück.

Gerade diese eitle Selbstgerechtigkeit aber wollte Frisch anklagen.
Die Schranke bedeutet nach Frischs eigenen Worten in seinen „Notizen von der Züricher Aufführung" Konfrontation des heutigen Zeugen mit dem geschichtlichen Tatort. Sie ist darüber hinaus unschwer als Symbol der Entschuldigung zu verstehen. Darum fehlt sie auch beim Pater, der ja seine Schuld gesteht und sich nicht hinter Ausflüchten versteckt. Die Zeitspanne zwischen Zeugenaussagen und dem Ereignis soll durch das Kostüm verdeutiicht werden. Der Soldat zum Beispiel tritt nicht mehr in Uniform, sondern in Zivil auf. Dies ist außerdem daran zu sehen, daß die Schranke nicht fest auf der Bühne verschraubt ist, also nicht die Illusion aufkommen läßt, daß Rechtfertigung und Geschichte gleichzeitig stattfinden.
Der Pfahl wird im Stück überhaupt nicht gezeigt. Er existiert nur durch die Worte der Darsteller und durch ihre Gesten – der Lehrer dreht sich nach dem unsichtbaren Pfahl um, als er vor der Pinte sitzt. Bis Frisch sich dazu entschloß, den Pfahl nicht „auftreten" zu lassen, mußte er einige Denkprozesse durchmachen. In den bereits zitierten Notizen von den Proben schildert er es folgendermaßen: „Lange Zeit, jahrelang, wollte ich, um die große Form herzustellen, einen Häftling am Pfahl – als chorisches Element durch das ganze Stück: seine Arie der Verzweiflung. In der Oper, mag sein, wäre es möglich, aber nicht im Schauspiel, auch nicht, wenn die Überhöhung durch Verse hinzukäme. Ich mußte das aufgeben, und es blieb der leere Pfahl auf der Bühne, wartend auf den Verfolgten, der am Schluß daran gerichtet wird. So das Buch. Als die Proben begangen, brauchte Hirschfeld nicht lange zu reden, um mich zu überzeugen, daß die Hinrichtung des Helden, vorgeführt auf der Bühne, nur eine Schwächung wäre durch Gruseligkeit; wir wissen ja, daß der Darsteller Peter Brogle nicht getötet wird durch den Schuß, den wir hören, und es genügt zu wissen, daß Andri getötet wird. Die Hinrichtung wurde gestrichen; es blieb der leere Pfahl auf der Bühne. Ich habe auch den Pfahl gestrichen – im Augenblick, da die Bühnenarbeiter ihn hinstellten – und ich bin froh drum, er hat mich jahrelang viel Arbeit gekostet, viel Text. Aber vor allem: gerade dadurch, daß wir den Pfahl nicht mehr mit Augen sehen, sondern nur durch die Worte des bestürzten Vaters, wird

der Pfahl wieder, was er sein sollte, Symbol." (in Spektaculum V, S. 279)
Der Pfahl als Symbol für den Opfertod des „Juden" Andri wird nicht nur beim Vater deutlich, sondern auch beim Wirt (Frage in der Zeugenaussage: „Habe ich ihn vielleicht an den Pfahl gebracht?") und beim Pater als Geständnis in der Zeugenaussage. („Auch ich habe ihn an den Pfahl gebracht"). Andri selbst sieht sich schon im zweiten Bild als Sündenbock, was ja gleichzusetzen ist mit Opferlamm, das durch seinen Tod im Alten Testament die Sünden sühnte und stellvertretend die Vergebung Gottes erzielte. Andri spricht in dieser Szene vom Bösen, das alle in sich haben, das aber keiner haben will. „Es ist in der Luft, aber da bleibt's nicht lang, es muß in einen Menschen hinein, damit sie's eines Tages packen und töten können". Später, im zehnten Bild, gebraucht er dann wörtlich den Ausdruck Sündenbock.

Diese Symbolik erinnert stark an die Bibel, überhaupt auch andere Sinnbilder, wie das dreimalige Krähen des Hahnes als Symbol der Verleugnung; ebenso deutet der Pfahl auf die Passion hin. Das Krähen des Hahnes macht die Leidensgeschichte dermaßen greifbar, daß es wohl nicht sehr willkürlich angenommen ist, wenn man Vergleiche zur Bibel zieht. Der Vater, die Senora, der Geselle, der Pater, alle haben Andri verraten. Dem Geistlichen, der schon kraft Amtes Andri als Mitmenschen hätte beistehen und für ihn zeugen müssen, sagt Andri den Verrat hellseherisch in der seinem zweiten Gespräch mit ihm voraus: „Sie wissen heut schon, was Sie tun werden, Hochwürden, wenn man mich holt... Sie werden beten. Für mich und für sich, Ihr Gebet hilft nicht einmal Ihnen, Sie werden trotzdem ein Verräter." Es steckt kein Übelnehmen in diesen Sätzen, nur resignierende Bitterkeit, die nicht mehr an Gnade glaubt. Zugleich spricht er von den „guten, guten" Augen Pater Benedikts, was irgendwie eine Vorabentschuldigung und Verzeihung, weniger wohl Ironie beinhaltet.

Dennoch muß davor gewarnt werden, Frisch als christlichen Autor im Sinne der Religiosität zu verstehen. Er ist mit Sicherheit in seiner moralischen Forderung und in seiner Aussage im tiefsten Sinne christlich, nämlich in seinem Appell an die Liebe zum Nächsten. Aber er distanziert sich vom kirchlichen Glauben durch Veröffentlichung seiner

Büchner-Rede im freidenkerischen „Jahrbuch für kritische Aufklärung“. Eine ganz kurze Stelle in seinem „Tagebuch“ gibt wohl auch etwas Aufschluß über seine Haltung gegenüber dem Christentum in seiner in Traditionen gezwängten Form. Unter der Frage „Marxismo-Cristianismo?“ schreibt Frisch: „Wenn der letztere seine zweitausend Jahre dazu verwendet hätte, auch jene seiner Satzungen ernst zu nehmen, die sich auf das Diesseits beziehen, kann ich mir nicht denken, daß der erstere eine wirkliche Bedrohung darzustellen vermöchte.“ Hier setzt Frischs Kritik an, obwohl er – dies ist wohl fast selbstverständlich – von dem uralten christlichen Erbe des Abendlandes beeinflußt wurde in seiner Arbeit. Carol Petersen sieht diese Frage so: „Zwar scheut man sich beinahe, dieses christliche Attribut (des gerechten und zugleich erbarmenden Mitmenschen, d. Verf.) für ihn ausdrücklich in Anspruch zu nehmen, da sein Christentum fast ausschließlich eingearbeitet ist in das Werk und sich kaum jemals unverhüllt ausspricht. Doch es ist zugleich ein Teil seiner Tradition, und wer wollte leugnen, daß Frisch als echter Schweizer nicht zutiefst auch in Christlichkeit wurzelt, in jener pietistischen Christlichkeit, die das große, tönende Wort zugunsten der tätigen Hilfeleistung am Mitmenschen beiseite läßt.“ (Petersen a. a. O., S. 47)
Wenden wir uns noch einmal – diesmal aus christlicher, besser humanistischer Sicht – der Frage der Schuld in „Andorra“ zu, über die der Autor des Stückes ja zu der „Moral“ der Geschichte gelangt. Wolfgang Hegele unterscheidet in seiner Interpretation zwischen krimineller und moralischer Schuld. „Kriminelle Schuld finden wir bei den Schwarzen, die Völkermord begehen. Kriminelle Schuld lädt der Wirt auf sich, dessen Steinwurf die Senora tötet und der dann die Schuld Andri in die Schuhe schiebt. Schuld im juristischen Sinne hat auch Can, insofern er Andris wahre Herkunft so lange verschweigt. Seit der Tagebuch-Skizze steht für Frisch offenbar jene Schuld der Andorraner im Mittelpunkt, die darin besteht, daß sie sich ‚ein Bildnis‘ machen. Vom Wirt abgesehen, handelt es sich bei ihnen in der Tat nicht um kriminelle Schuld. Wir dürfen ihnen glauben, wenn sie an der Zeugenschranke versichern, daß sie keinesfalls für Grausamkeiten gewesen seien. Aber ihre Ressentiments, ihre Gedankenlosigkeit, ihre Charakterschwäche, ihre Neigung, individuellen und

kollektiven Ärger an einem Sündenbock abzureagieren, kurz, ihre Unfreiheit gegenüber einem heillosen Mechanismus von Vorurteilen förderte das Böse ... Die Andorraner lassen sich tatsächlich von der Unwahrheit beherrschen. Das ist Andorras Schuld". (in Beckermann, a, a, O., S. 188 f.)

Frisch sieht entsprechend christlichen Maximen die Sünde bereits da, wo das Böse im Gedanken ist. Das Vorurteil allein ist für ihn schon eine Schuld, wie auch das Christentum die Liebe zum Nächsten als höchste Forderung erhebt und jede irgendwie geartete Überheblichkeit, Verachtung und selbst Nichtengagement gegenüber dem Mitmenschen als Verfehlungen geißelt. Frisch kennt ebenso wie das Christentum nur ein „Rezept" gegen die herzlose Verkennung des anderen durch ein vorgefertigtes Bildnis: die Liebe.

„Andorra" jedoch nur als tragische Metapher für den „Widerspruch zwischen der möglichen wahren und der tatsächlich gelebten Existenz des Menschen", als „Gleichnis vom verfälschten Leben" (s. Krapp) zu interpretieren, hieße an dem Stück gründlich vorbeideuten. Frisch ist ein politischer Schriftsteller ebenso wie ein moralischer. Helmut Krapp hebt hervor: „Den Vorgang dieses neuen Stückes so betrachten, bedeutet nicht, daß man vor der Rechnung, die es aufmacht, ins Allgemein-Menschliche desertiert, wo es weniger peinlich wäre, nicht antworten zu können als angesichts der konkreten Frage. Im Gegenteil: wahrscheinlich hängt die Unausweichlichkeit des Vorgangs, der hier Antisemitismus heißt, mit seiner Übertragbarkeit und Allgemeinheit ursächlich zusammen ... ‚Andorra' statuiert das Exempel. Zwar kann man sich an Stelle Andris, des Juden, einen Neger denken, einen Kommunisten, jeden, den eine herrschende Gesellschaft zum Opfer ihres Vorurteils bestimmt – der Jude bleibt das gültige Beispiel, weil der Antisemitismus ein geradezu archaisches Vorurteil mit katastrophalen Folgen ist, wirklichkeitsträchtig und besudelt wie kein zweites. Hyperbolisch ausgedrückt: jedes Vorurteil, mit dem wir unserem Nächsten verwehren, er selbst zu sein, ist eine nur verdeckte Form des Antisemitismus. Es ist schon der Anfang des Pogroms, in dem er — kommt es soweit — gelyncht werden wird." (Spectaculum a. a. O., S. 282 ff.)

Statt Bildnis ist in modernerer Sprache auch „Klischee" zu setzen, in der Soziologie wird dieses Vorurteil Stereotype

genannt. Rolf Eckart schreibt, sie „sind überall zu finden, wo sich Menschen zu Gruppen zusammengeschlossen haben, da sich jede Gruppe erst konstituiert, indem sie Gruppenmerkmale setzt, durch die sie sich von einer Gegengruppe unterscheidet. Die Nation ist eine solche Gruppe. Aber auch innerhalb einer Nation und über die Nationen hinweg existieren Gruppen, beispielsweise ständische, religiöse und rassische. Max Frisch sieht nun die Gefahr jeglichen Gruppendenkens vor allem unter einem pazifistischen und unter einem humanistischen Aspekt. Eine Gruppe mag noch so harmlos erscheinen, ihre nach außen gerichtete Aggressivität ist mindestens latent immer vorhanden und kann plötzlich zum offenen Angriff auf die Gegengruppe und zu deren Unterwerfung oder Vernichtung führen. Als humanistischer Aspekt ist der Blick auf den Einzelmenschen verstanden ... Ein politisches Lehrstück ist ‚Andorra' deshalb, weil Max Frisch mit ihm die zerstörerische Dynamik bestimmter Gruppen entlarven und Stereotype setzen will. Daher ist ‚Andorra', das Max Frisch selbst ein ‚Modell' nennt, pädagogisch von größter Bedeutung." (Eckert a. a. O., S. 10) Max Frischs Stück als überspitzt abzulehnen wird niemand wagen, der in die jüngste Geschichte zurückdenkt. Auch der mögliche Vorwurf, die Nazi-Zeit sei ja ein zwar wirkliches, aber ebenso bis ins äußerste gesteigerter historischer Einzelfall, ist zu entkräften. Ihm ist entgegenzuhalten, daß die nationalsozialistische Judenverfolgung nicht der einzige Auswuchs eines Massenwahns gewesen ist. Denke man nur an die Christenverfolgungen in den ersten Jahrhunderten nach Christus, denke man an die Hexenverbrennungen, an die Ketzerjagden im Mittelalter, an die von der christlichen Kirche autorisierten Inquisitionen, an rassische Pogrome und schließlich an die Verbrechen an den Feinden im Kriege, die auch die Genfer Konvention des Roten Kreuzes durchaus außerhalb des im Rahmen der Verteidigung oder der kämpferischen Notwendigkeit geschehenen Tötens stellt.
Wolfgang Hegele sieht in Anlehnung an Lessingsche Ansprüche an den Sinn des Theaters folgende didaktische Deutung: „Am Modell von Frischs Andorra kann man in der Tat lernen, was Menschen von durchschnittlichem Charakter unter den gegebenen Umständen eines Massenwahns zu tun pflegen. Daß diese Lektion beim Publikum, bei Schülern in unserem Fall, erzieherische Nachwirkungen haben kann,

daß dieses Stück also – sagen wir es ruhig – politische 'Lebenshilfe' bietet, mindert seinen künstlerischen Rang keineswegs. Wer von 'Andorra' ergriffen wird, mag erkennen, daß er es buchstäblich der Mühe wert finden sollte, seine Freiheit gegenüber jeder emotionalen Versuchung zum kollektiven Vorurteil zu bewahren." (a. a. O., S. 191)
Max Frisch hat in seinem „Tagebuch" für die Quintessenz seiner Fabel um das tödliche Vorurteil, das den Menschen verkennende Bildnis in anderem Zusammenhang die wohl treffendsten Worte selbst gefunden: „... wirklich zu werden, ein Mensch zu sein gegen eine Welt, die auf Schablonen verhext ist."

3.6 Zum Bildnisthema bei Max Frisch

Die alttestamentarische Forderung „Du sollst dir kein Bildnis machen" hat Frisch in seinem gesamten Werk als Leitfaden begleitet. Das Bildnis-Thema, abgewandelt zur Frage nach der wirklichen Identität des einzelnen, ließ Frisch nicht mehr los seit seinen ersten schriftstellerischen Arbeiten. Frisch kam zur Erkenntnis, daß jedes Bild, das man sich vom anderen macht, quasi über ihm hängt wie eine Maske, die daran hindert, mit dem anderen in wirkliche und ehrliche Kommunikation zu treten.
Das Bildnis-Motiv ist bereits in seinem ersten Roman „Jürg Reinhart" – aufgegangen später in „Die Schwierigen oder J'adore ce qui me brûle" – Gestalt geworden, in dem die falsche Einschätzung seiner selbst den Maler Reinhart zum Gärtner werden läßt. Hier wird gezeigt, daß auch ein zu positives Bild ein falsches Bild ist; daß außerdem nicht nur von anderen, sondern auch von sich selbst ein Bildnis entworfen werden kann. Der Roman „Stiller" zeigt die Verfremdung eines Menschen von seiner wirklichen Existenz, Verleugnung seiner selbst und Flucht aus der eigenen Person, wie später auch in dem Roman „Mein Name sei Gantenbein". In der Komödie „Don Juan oder die Liebe zur Geometrie" verfälscht der Titelheld durch die Einschätzung der anderen seine eigentliche Existenz, und die Farce „Die

chinesische Mauer" zeigt eine Reihe von Stereotypen. Immer wieder aufgegriffen hat Frisch das Bildnis-Thema in seinem Tagebuch, das uns so viele wertvolle Einblicke in die den Künstler am meisten bewegenden Gedankengänge eröffnet.

Nun ist die Frage zu stellen, wie Frisch überhaupt das Bildnismachen zu vermeiden sieht. Kommen Menschen überhaupt ohne ein Bildnis aus? Birgt nicht jedes Urteil die Gefahr eines Vorurteils, weil niemand unfehlbar ist und folglich alle Urteile selbst im Streben nach Gerechtigkeit Bildnisse sind? Hier gibt es von Max Frisch nur eine Antwort: Liebe. In dem Stück „Als der Krieg zu Ende war" zeigt Frisch, daß sogar ohne jede Sprache der Weg eines Menschen zum anderen durch die Liebe nicht mit Vorurteilen verbaut zu werden braucht, sondern die Möglichkeit besteht, ohne ein Wort den anderen zu erkennen und richtig einzuschätzen. Im „Tagebuch" steht über diesen Stoff: „Was mich an dem Fall fesselt: Daß er eine Ausnahme darstellt, ein Besonderes, einen lebendigen Widerspruch gegen die Regel, gegen das Vorurteil. Alles Menschliche erscheint als ein Besonderes. Überwindung des Vorurteils; die einzig mögliche Überwindung in der Liebe, die sich kein Bildnis macht. In diesem besonderen Fall: erleichtert durch das Fehlen einer Sprache. Es wäre kaum möglich gewesen, wenn sie sich sprachlich hätten begegnen können und müssen. Sprache als Gefäß des Vorurteils; Sie, die uns verbinden könnte, ist zum Gegenteil geworden, zur tödlichen Trennung durch Vorurteil. Sprache und Lüge!" (Tagebuch, a. a. O., S. 165)

Zur Verdeutlichung von Frischs Gedankengängen über das Bildnisthema ein Zitat aus dem „Tagebuch 1946–1949". Unter dem Stichwort „Du sollst dir kein Bildnis machen" schreibt Frisch hier – unmittelbar plaziert vor der Prosaskizze vom andorranischen Juden –: „Es ist bemerkenswert, daß wir gerade von dem Menschen, den wir lieben, am mindesten aussagen können, wie er sei. Wir lieben ihn einfach. Eben darin besteht ja die Liebe, das Wunderbare an der Liebe, daß sie uns in der Schwebe des Lebendigen hält, in der Bereitschaft, einem Menschen zu folgen in allen seinen möglichen Entfaltungen. Wir wissen, daß jeder Mensch, wenn man ihn liebt, sich wie verwandelt fühlt, wie entfaltet, und daß auch dem Liebenden sich alles entfaltet, das Nächste, das lange Bekannte. Vieles sieht er wie zum ersten Male. Die Liebe befreit es aus jeglichem Bildnis. Das ist das Erregende, das Abenteuerliche, das eigentlich Spannende, daß wir mit den Menschen, die wir lieben, nicht fertigwerden: weil wir sie lieben; solange wir sie lieben. Man höre bloß die Dichter, wenn sie lieben; sie tappen nach Vergleichen, als wären sie betrunken, sie greifen nach allen Dingen im All, nach Blumen und Tieren, nach Wolken, nach Sternen und Meeren. Warum? So wie das All, wie Gottes unerschöpfliche Geräumigkeit, schrankenlos, alles Möglichen voll, aller Geheimnisse voll, unfaßbar ist der Mensch, den man liebt –

Nur die Liebe erträgt ihn so.

Warum reisen wir?

Auch dies, damit wir Menschen begegnen, die nicht meinen, daß sie uns kennen ein für allemal; damit wir noch einmal erfahren, was uns in diesem Leben möglich sei –

Es ist ohnehin schon wenig genug.

Unsere Meinung, daß wir das andere kennen, ist das Ende der Liebe, jedesmal, aber Ursache und Wirkung liegen vielleicht anders, als wir anzunehmen versucht sind – nicht weil wir das andere kennen, geht unsere Liebe zu Ende, sondern umgekehrt: weil unsere Liebe zu Ende geht, weil ihre Kraft sich erschöpft hat, darum ist der Mensch fertig für uns. Er muß es sein. Wir können nicht mehr! Wir künden ihm die Bereitschaft, auf weitere Verwandlungen einzugehen. Wir verweigern ihm den Anspruch alles Lebendigen, das unfaßbar bleibt, und zugleich sind wir verwundert und enttäuscht, daß unser Verhältnis nicht mehr lebendig sei.

„Du bist nicht", sagt der Enttäuschte oder die Enttäuschte; wofür ich dich gehalten habe."

Und wofür hat man sich denn gehalten?

Für ein Geheimnis, das der Mensch ja immerhin ist, ein erregendes Rätsel, das auszuhalten wir müde geworden sind. Man macht sich ein Bildnis. Das ist das Lieblose, der Verrat.

Man hat darauf hingewiesen, das Wunder jeder Prophetie erkläre sich teilweise schon daraus, daß das Künftige, wie es in den Worten eines Propheten erahnt scheint und als Bildnis entworfen wird, am Ende durch eben dieses Bildnis verursacht, vorbereitet, ermöglicht oder mindestens gefördert worden ist –

Unfug der Kartenleserei.
Urteile über unsere Handschrift.
Orakel bei den alten Griechen.
Wenn wir es so sehen, entkleiden wir die Prophetie wirklich ihres Wunders? Es bleibt noch immer das Wunder des Wortes, das Geschichte macht: –
„Im Anfang war das Wort."
Kassandra, die Ahnungsvolle, die scheinbar Warnende und nutzlos warnende, ist sie immer ganz unschuldig an dem Unheil, das sie vorausklagt?
Dessen Bildnis sie entwirft.
Irgendeine fixe Meinung unsrer Freunde, unsrer Eltern, unsrer Erzieher, auch sie lastet auf manchem wie ein altes Orakel. Ein halbes Leben steht unter der heimlichen Frage: Erfüllt es sich oder erfüllt es sich nicht? Mindestens die Frage ist uns auf die Stirne gebrannt, und man wird ein Orakel nicht los, bis man es zur Erfüllung bringt. Dabei muß es sich durchaus nicht im geraden Sinn erfüllen; auch im Widerspruch zeigt sich der Einfluß, darin, daß man so nicht sein will, wie der andere uns einschätzt. Man wird das Gegenteil, aber man wird es durch den andern.
Eine Lehrerin sagte einmal zu meiner Mutter, niemals in ihrem Leben werde sie stricken lernen. Meine Mutter erzählte uns jenen Ausspruch sehr oft; sie hat ihn nie vergessen, nie verziehen; sie ist eine leidenschaftliche und ungewöhnliche Strickerin geworden, und alle die Strümpfe und Mützen, die Handschuhe, die Pullover, die ich jemals bekommen habe, am Ende verdanke ich sie allein jenem ärgerlichen Orakel! ...
In gewissem Grad sind wir wirklich das Wesen, das die andern in uns hineinsehen, Freunde wie Feinde. Und umgekehrt! Auch wir sind die Verfasser der andern; wir sind auf eine heimliche und unentrinnbare Weise verantwortlich für das Gesicht, das sie uns zeigen, verantwortlich nicht für ihre Anlage, aber für die Ausschöpfung dieser Anlage. Wir sind es, die dem Freunde, dessen Erstarrtsein uns bemüht, im Wege stehen, und zwar dadurch, daß unsere Meinung, er sei erstarrt, ein weiteres Glied in jener Kette ist, die ihn fesselt und langsam erwürgt. Wir wünschen ihm, daß er sich wandle, o ja, wir wünschen es ganzen Völkern! Aber darum sind wir noch lange nicht bereit, unsere Vorstellung von ihnen aufzugeben. Wir selber sind die letzten, die sie

verwandeln. Wir halten uns für den Spiegel und ahnen nur selten, wie sehr der andere seinerseits eben der Spiegel unsres erstarrten Menschenbildes ist, unser Erzeugnis, unser Opfer –." (Tagebuch a. a. O., S. 26 ff.)

4 Biedermann und die Brandstifter

4.1 Entstehung des Stückes

Wie „Andorra" hat auch „Biedermann und die Brandstifter" eine lange Vorgeschichte. Die Idee stammt aus dem Jahre 1948. Ebenso wie die Skizze zu „Andorra" nahm Max Frisch die Prosaburleske vom Biedermann in sein „Tagebuch 1946–1949" auf. Aufschluß über den Anlaß der Dichtung kann vielleicht wieder die Plazierung im „Tagebuch" geben: die Notiz steht unmittelbar hinter einer kurzen Aufzeichnung über den Umsturz in der Tschechoslowakei, aus dem die ČSSR im Februar 1948 als Volksrepublik hervorging. Dies ist wohl der ursprüngliche politsche Hintergrund des Stükkes, in dem oft ein Modell auch für das Nazi-Deutschland gesehen wird. Aber es spricht für die Bedeutung des Stoffes, daß er eben ohne direkte zeitbezogene und damit zeitgebundene Anspielung auskommt und somit als Bild für die Entwicklung eines jeden „Völkerbrandes" genommen werden kann. „Alles geht rasch", schreibt Frisch im „Tagebuch" über die Ereignisse in der Tschechoslowakei. „Wie immer, wenn ein Kartenhaus zusammenfällt". Und so ein Kartenhaus fällt denn auch in der Prosaburleske zusammen:
„Eines Morgens kommt ein Mann, ein Unbekannter, und du kannst nicht umhin, du gibst ihm eine Suppe und ein Brot dazu. Denn das Unrecht, das er seiner Erzählung nach erfahren hat, ist unleugbar, und du möchtest nicht, daß es an dir gerächt werde. Und daß es eines Tages gerächt wird, daran gebe es keinen Zweifel, sagt der Mann. Jedenfalls kannst du ihn nicht wegschicken, du gibst ihm Suppe und Brot dazu, wie gesagt, und sogar mehr als das: du gibst ihm recht. Zuerst nur durch dein Schweigen, später mit Nicken, schließlich mit Worten. Du bist einverstanden mit ihm, denn wärest du es nicht, müßtest du sozusagen zugeben, daß du selber Unrecht tust, und dann würdest du ihn vielleicht fürchten. Du willst dich aber nicht fürchten. Du willst auch nicht dein Unrecht ändern, denn das hätte zu viele Folgen. Du willst Ruhe und Frieden, und damit basta! Du willst das Gefühl, ein guter und anständiger Mensch zu sein, und also kommst du nicht umhin, ihm auch ein Bett anzubieten, da er das seine, wie du eben vernommen, durch

Unrecht verloren hat. Er will aber kein Bett, sagt er, kein Zimmer, nur ein Dach über dem Kopf; er würde sich, sagt er, auch mit deinem Estrich begnügen. Du lachst. Er liebe die Estriche, sagt er. Ein wenig, noch während du lachst, kommt es dir unheimlich vor, mindestens sonderbar, beunruhigend, man hat in letzter Zeit gar viel von Brandstiftung gelesen; aber du willst Ruhe, wie gesagt, und also bleibt dir nichts anderes übrig, als keinen Verdacht aufkommen zu lassen in deiner Brust. Warum soll er, wenn er will, nicht auf dem Estrich schlafen? Du zeigst ihm den Weg, den Riegel, die Vorrichtung mit der Leiter und auch den Schalter, wo man Licht machen kann. Allein in deiner schönen Wohnung, eine Zigarette rauchend, denkst du mehrere Male genau das gleiche, und es hilft dir nichts, die Zeitung zu lesen, zwischen den Zeilen liest du immer das gleiche: Man muß Vertrauen haben, man soll nicht immer gleich das Schlimmste annehmen, wenn man einen Menschen nicht kennt, und warum soll der gerade ein Brandstifter sein! Immerhin nimmst du dir vor, ihn morgen wieder auf den Weg zu schicken, freundlich, ohne daß ein Verdacht ihn kränken soll. Du nimmst dir nicht vor, kein Unrecht zu tun; das hätte, wie gesagt, zu viele Folgen. Du nimmst dir nur vor, freundlich zu sein und ihn auf freundliche Weise wegzuschicken. Du schläfst nicht immer in dieser Nacht; es ist schwül, und die Geschichten von wirklichen Brandstiftern, die dir so beharrlich einfallen, sind zu läppisch, ein Schlafpulver gibt dir die verdiente Ruhe ...

Und am andern Morgen, siehe da, steht das Haus noch immer! – Deine Zuversicht, dein Glaube an den Menschen, selbst wenn er im Estrich wohnt, hat sich bewährt. Es drängt dich nicht wenig, edel zu sein, hilfreich und gut; beispielsweise mit einem Frühstück. Von Angesicht zu Angesicht, so während ihr den gemeinsamen Kaffee trinkt und jeder sein Ei löffelt, schämst du dich deines Verdachtes, kommst dir schäbig vor, und jedenfalls ist es unmöglich, ihn wegzuschicken. Wozu solltest du! Nach einer Woche, wie er noch immer in deinem Estrich wohnt, hast du vollends das Gefühl, jede Angst überwunden zu haben, und auch als er eines Tages einen Freund bringt, der ebenfalls in deinem Estrich schlafen möchte, kannst du zwar zögern, aber nicht widersprechen. Zögern; denn es ist einer, der schon einmal, Gott weiß warum, im Gefängnis gesessen hat und eben erst entlassen worden ist. Ihn allein hättest du nie in deinen Estrich gelassen, das ist selbstverständlich. Er ist auch viel frecher als der erste, das macht vielleicht das Gefängnis, und ganz geheuer ist es dir nicht, zumal er, wie er ganz offen gesteht, wegen Brandstiftung gesessen hat. Aber gerade diese Offenheit, diese unverblümte, gibt Dir das Vertrauen, das du gerne haben möchtest, um Ruhe und Frieden zu haben; am Abend, da du trotz ehrlichem Gähnen nicht schlafen kannst, liest du wieder einmal das Apostelspiel von Max Mell, jene Legende, die uns die Kraft des rechten Glaubens zeigt, ein Stück schöner Poesie; mit einer Befriedigung, die das Schlafpulver fast überflüssig macht, schläfst du ein ...

Und am andern Morgen, siehe da, steht das Haus noch immer! – Deine Bekannten greifen sich an den Kopf, können dich nicht verstehen, fragen jedesmal, was die beiden Gesellen denn in deinem Estrich machen, und liegen dir auf den Nerven, so daß du immer seltener an den Stammtisch gehst; sie wollen dich einfach beunruhigen. Und ein wenig, unter uns gesagt, ist es ihnen auch gelungen; jedenfalls hast du den beiden Gesellen etwas aufgelauert und nicht ohne Erfolg; allein die Tatsache, daß sie kleine Fäßlein auf deinen Estrich tragen, kann deinen Menschenglauben nicht erschüttern, zumal sie es in aller Offenheit machen und auf deine scherzhafte Frage, was sie denn mit diesen Fäßlein wollten, sagen sie ganz natürlich, sie hätten Durst. In der Tat, es ist Sommer, und im Estrich, sagst du dir, muß es sehr heiß sein. Einmal, als du ihnen im Wege gestanden, ist ihnen ein Fäßlein von der Leiter gefallen, und es stank plötzlich nach Benzin. Einen Atemzug lang, gib es zu, warst du erschrocken. Ob das Benzin sei? hast du gefragt. Die beiden, ohne ihre Arbeit einzustellen, leugneten es auch in keiner Weise, und auf deine eher scherzhafte Frage, ob sie Benzin trinken, antworteten sie mit einer so unglaublichen Geschichte, daß du, um nicht als Esel dazustehen, wirklich nur lachen konntest. Später jedoch, allein in deiner Wohnung, lauschend auf das Rollen der munteren Fäßlein, die nach Benzin stinken, weißt du allen Ernstes nicht mehr, was du denken sollst. Ob sie deine edle Zuversicht wirklich mißbrauchen? Eine Weile, dein Feuerzeug in der Hand, die feuerlose Zigarette zwischen den trockenen Lippen, bist du entschlossen, die beiden Gesellen hinauszuwerfen, einfach

hinauszuwerfen. Und zwar noch heute! Oder spätestens morgen. Wenn sie nicht von selber gehen. Ganz einfach ist es nämlich nicht, im Gegenteil; wenn sie keine Brandstifter sind, tust du ihnen sehr unrecht, und das Unrecht macht sie zu bösen Menschen. Böse gegen dich. Das willst du nicht. Das auf keinen Fall. Alles. Nur kein schlechtes Gewissen. Und dann ist es immer so schwierig, die Zukunft vorauszusehen; wer keine Tatsachen sehen kann, ohne Schlüsse zu ziehen, und wer sich alles bewußt macht, was er im Grunde weiß, mag sein, daß er manches voraussieht, aber er wird keinen Augenblick Ruhe haben; ganz zu schweigen von den Ahnungen. Die Tatsache, daß sie Benzin in deinen Estrich tragen, was heißt das schon? Der eine, der Freund, hat nur gelacht und gesagt, sie wollen die ganze Stadt anzünden. Das kann ein Scherz sein oder eine Aufschneiderei. Wenn sie es ernst meinten, würden sie es niemals sagen. Dieser Gedanke, je öfter du ihn wiederholst, überzeugt dich vollkommen; das heißt; er beruhigt dich. Und der andere sagte sogar: Wir warten nur auf den günstigen Wind! Es ist läppisch, sich von solchen Reden einschüchtern zu lassen; zu unwürdig. Einen Augenblick denkst du an Polizei. Aber wie du, um dich nicht durch falschen Alarm lächerlich zu machen, dein Ohr an die Zimmerdecke legst, was keine ganz einfache Veranstaltung gekostet hat, ist es vollkommen still. Du hörst sogar, wie einer schnarcht. Und überhaupt kommt die Polizei nicht in Frage; schon weil du selber strafbar wärest, daß du solche Leute in deinem Hause hast, wochenlang, ohne sie anzumelden. Aber vor allem sind es natürlich die menschlichen Gründe, die dich von solchen Schritten abhalten. Warum sagst du den beiden Gesellen nicht einfach und offen, du möchtest kein Benzin in deinem Estrich haben? Offenheit ist immer das beste. Und dann, plötzlich, mußt du selber lachen, daß dir dieser Einfall jetzt erst kommt: sie werden doch dein Haus nicht anzünden, wenn sie selber im Estrich sind! Immerhin kletterst du, schon im Pyjama, noch einmal auf den Sessel, auf die Kommode und den Schrank. Er schnarcht wirklich. Eine halbe Stunde später ruhest auch du ...
Und am andern Morgen, siehe da, steht dein Haus noch immer! – Die Sonne scheint, der Wind hat gedreht, die Wolken ziehen über die Dächer der Stadt, und gesetzt den Fall, es wären wirklich böse Gesellen, gerade dann ist es

nicht einfach, sie einfach hinauszuwerfen; nicht ratsam; denn solange du ihr Freund bist, werden sie wenigstens dich verschonen. Freundschaft ist immer das beste! Und wenn du an diesem Morgen hinaufgehst und sie zum Frühstück bitten willst, so ist das nicht Tücke, nicht Berechnung, sondern eines jener herzlichen Bedürfnisse, die man plötzlich hat und die man, wie du mit Recht sagst, nicht immer unterdrücken soll. Die Leiter zum Estrich ist bereits gezogen, die Türe offen, du mußt nicht einmal klopfen. Der Estrich, den du aus Rücksicht schon lange nicht mehr besucht hast, ist voll von kleinen Fäßlein, und der eine, der Freund, der aus dem Gefängnis, steht eben an der Dachluke, hält den nassen Finger hinaus, um die Windrichtung festzustellen; der andere ist leider schon ausgegangen, komme aber wieder. Mit deinem Frühstück ist es also nichts. Er komme aber bestimmt im Laufe des Tages, sobald er, wie der Freund in seiner immer etwas scherzhaften Art sagt, die erforderliche Holzwolle beisammen habe. Holzwolle? Es fehlte nur noch, daß er von einer Zündschnur redete. Einen Augenblick bist du wieder etwas verwirrt, etwas betreten, was du allerdings nicht zeigen willst. Im Grunde, das weißt du, kann kein Mensch so frech sein, wie dieser sich den Anschein gibt, nur weil er meint, du fürchtest ihn. Ein für allemal entschlossen, dich nicht zu fürchten, entschlossen, deine Ruhe und deinen Frieden zu erhalten, tust du, als hättest du nichts gehört, und im übrigen, was das Frühstück betrifft, kann das ja auch ein andermal sein. Deine freundschaftliche Geste ist schon als solche nicht wertlos. Vielleicht zum Abendbrot? Mit Vergnügen, sagt der Kauz, sofern sie Zeit hätten und nicht arbeiten müßten; das hänge vom Wind ab. Er ist wirklich ein Kauz. Und natürlich bist du nun nicht wenig neugierig, ob sie tatsächlich zum Abendessen kommen, ob sie deine Freundschaft überhaupt wollen. Vielleicht hättest du deine Freundschaft schon früher bekunden sollen. Aber lieber jetzt, sagst du, als zu spät! Mit Recht vermeidest du ein allzu besonderes, ein auffälliges Abendessen; immerhin holst du einen Wein aus dem Keller, um ihn für alle Fälle kühlzustellen. Leider kann man am Abend, als sie gegen neun Uhr endlich kommen, nicht mehr auf der Terasse sitzen; es ist zu windig. Ob er Holzwolle gefunden habe? fragst du, um dem Gespräch bald eine persönliche Note zu geben. Holzwolle? sagt er und schaut den Freund an, wie man einen Verräter anschaut. Dann, Gott weiß warum, mußt du selber lachen, und schließlich lachen sie auch. Holzwolle, nein, Holzwolle habe er nicht gefunden, aber etwas anderes, Putzfäden aus einer Garage. Gefunden; daß das nichts anderes heißt als gestohlen, daran kannst du nicht zweifeln. Überhaupt haben sie sehr eigene Ansichten betreffend Recht und Unrecht. Nach der ersten Flasche, du hast den Wein nicht umsonst gekühlt, erzählst du, daß auch du schon Unrecht begangen hast. Da sie schweigen, erzählst du mehr und mehr, indem du, ihre Freundschaft ist es dir wert, die zweite Flasche entkorkst. Offensichtlich fühlen sie sich wie zu Hause; der Freund, der Frechere, dreht deinen Rundfunk an, um den Wetterbericht zu hören. Dann wünschen sie nur noch eines: Streichhölzer. Nichts wäre verfehlter, als wenn du jetzt wieder zusammenzucktest; auf Verdacht ist keine Freundschaft aufzubauen. Wozu Streichhölzer? Es gelingt dir, jedes beleidigende Zittern zu vermeiden und Zigaretten anzubieten, als ginge dir nichts durch den Kopf, und dann, das ist kein schlechter Einfall, bietest du Feuer mit deinem eigenen Feuerzeug, das du nachher wieder in die Tasche steckst. Das Gespräch geht weiter, das heißt, sie hören zu, sehen dich an und trinken Wein. Dein ehrliches Geständnis, wieviel Unrecht du begangen hast, rührt sie nicht mehr, als es die Höflichkeit verlangt; überhaupt wirken sie sehr geistesabwesend. Eine dritte Flasche, die du schon zwischen den Knien hast, lehnen sie ab. Da du sie trotzdem öffnest, wirst du sie allein trinken müssen. Nur beim Abschied, als du gewisse Hoffnungen ausdrückst, daß die Menschen einander näher kommen und einander helfen, bitten sie dich nochmals um Streichhölzer. Ohne Zigaretten. Du sagst dir mit Recht, daß ein Brandstifter, ein wirklicher, besser ausgerüstet wäre, und gibst auch das, ein Heftlein mit gelben Streichhölzern, und am andern Morgen, siehe da, bist du verkohlt und kannst dich nicht einmal über deine Geschichte wundern ..." (Tagebuch a. a. O., S. 180 ff.)

Fünf Jahre nach dieser Prosaburleske arbeitete Max Frisch den Stoff zu einem Hörspiel um, das den Titel „Herr Biedermann und die Brandstifter" trug. Es wurde vom Bayerischen Rundfunk ausgestrahlt. Wiederum fünf Jahre später wurde „Biedermann und die Brandstifter", das „Lehrstück ohne Lehre", wie Frisch im Untertitel bemerkt, zusammen mit dem

Schwank „Die große Wut des Philipp Hotz" in Zürich unter der Regie von Oskar Wälterlin uraufgeführt. Bei der deutschen Premiere in Frankfurt am Main wurde das Stück erstmals mit einem Nachspiel gezeigt, das Frisch dazugeschrieben hatte. Es wurde häufig als das Stück zum Kabarett abwertend kritisiert.
Drei Jahre vor der Uraufführung des Stückes hatte Frisch Besuch von Friedrich Dürrenmatt. Gemeinsam amüsierten sie sich über die Idee, daß Dürrenmatt mit den gleichen Darstellern ein Gegenstück schreiben sollte, ein Knechtling-Stück. Jeder sollte seine eigene Geschichte und seine eigene Handschrift liefern. Die Idee wurde von Dürrenmatt nicht in die Wirklichkeit umgesetzt, was Frisch sehr bedauerte.
Wie oft bei Frisch wurde auch dieses Stück noch während der Proben im Züricher Schauspielhaus umgeformt, ausgestaltet. Der Autor schuf selbst das Bühnenbild der Uraufführung – hier kommt der künstlerische Architekt zum Durchbruch –, das ihn zu allen möglichen Veränderungen nötigte. Im Programmheft zur Weltpremiere meint Frisch zur Probenarbeit: „Ich danke dem Züricher Schauspielhaus für die Gelegenheit, ... zu versuchen, nicht auf das Ergebnis zu warten und dann an der Hauptprobe zu stehen mit den Händen in den Hosentaschen, sondern auf den Rohbau zu gehen, Hand anzulegen mit aller Schüchternheit, die dem Stückeschreiber ziemt ..." Und zuvor: „Es gibt Visionäre, aber wenige; die meisten von uns müssen arbeiten, müssen sich von der Anschauung belehren lassen."

4.2 Handlung

Gottlieb Biedermann stellt sich in dem Einakter als typischer Kleinbürger dar, selbstgerecht und auch selbstbewußt, zugleich feige, verlogen und bei aller nach außen vorgetäuschten Menschlichkeit im Innersten inhuman. Er ist Haarwasserfabrikant und dabei sehr reich geworden. Während er bei seiner häuslichen Zeitungslektüre über die andauernden Brandstiftungen schimpft, kommt ein Hausierer, Schmitz, keineswegs eine vertrauenserweckende Erscheinung. Schmitz dringt in die Wohnung vor und lädt sich praktisch selbst ein, indem er Biedermann an seine Menschlichkeit erinnert. Wenig später wird diese „Humanität", die wegen der versteckten Drohungen von Schmitz aus Feigheit geboren wurde, Lügen gestraft, als Knechtling, ein entlassener Angestellter von Biedermann, Gewinnbeteiligung an dem Haarwasser, seiner eigenen Erfindung, fordert. Er wird hinausgeworfen. Schmitz wird auf dem Dachboden Asyl gewährt. Auch die zunächst empörte Frau Biedermann schafft es nicht, Schmitz die Bleibe aufzukündigen, nachdem er an ihre Sentimentalität appelliert hatte. Zugleich kommt ein Freund von Schmitz, der ehemalige Kellner Willi, der ebenfalls in den Dachboden zieht. Herr Biedermann bemerkt, wie beide Benzinfässer auf dem Estrich stapeln, tobt deswegen zunächst auch, läßt sich jedoch durch die rückhaltlose Offenheit der beiden überrumpeln. Er redet sich selbst wider besseres Wissen ein, niemand würde eine derartige Wahrheit wirklich aussprechen. Vor der Polizei, die den Selbstmord Knechtlings meldet, macht sich Biedermann aus schlechtem Gewissen zum Komplizen der beiden. Er behauptet, in den Fässern sei Haarwasser. Während Schmitz und Willi auf dem Boden weiter ihre Vorbereitungen zum Brandstiften treffen, überdeckt Biedermann seine blanke, aber durchaus gerechtfertigte Angst mit wortreicher Zuversicht und den Sprüchen von Ruhe und Frieden sowie vom Vertrauen in die Menschheit. Als letztes Hilfsmittel fällt ihm nur noch ein, sich mit den Gangstern auf immer vertrauteren Fuß zu stellen, sie schließlich zum Abendessen einzuladen und sich mit ihnen zu duzen. Dabei gibt Biedermann den Ganoven auch noch die Streichhölzer, da sie – wie er trotz seiner Furcht und seiner Einsicht argumentiert – selbst Streichhölzer hätten, wenn sie Brandstifter wären. Er kommt gemeinsam mit seiner Frau in den Flammen des Feuers um, das Schmitz und Willi Eisenring noch in derselben Nacht legen. Zuvor tritt noch ein Intellektueller als dritter Verbündeter auf, der zum Schluß ein Manifest gegen die beiden verliest, da er feststellen muß, daß sie nicht aus Ideologie, sondern aus reinem Gefallen brennen. Immer wieder tritt der Chor der Feuerwehrleute auf, die dem Treiben entsetzt zusehen und dem Zuschauer von Anfang an sowohl den Ausgang deutlich machen als auch die Sinnlosigkeit von Biedermanns Tun vor Augen führen. Bereits zu Beginn wird durch den Chorführer klargestellt, daß es nicht Schicksal ist, was Biedermann zu erleiden hat, sondern sinnloser und gefährlicher Blödsinn.

4.3 Die sechs Szenen mit Nachspiel

Die Personen der Handlung sind:
Herr Biedermann – Babette, seine Frau – Anna, ein Dienstmädchen – Schmitz, ein Ringer – Eisenring, ein Kellner – Ein Polizist – Ein Dr. phil. – Witwe Knechtling – Der Chor, bestehend aus den Männern der Feuerwehr.
Die Szenen spielen nach der Regieanweisung sämtlich in Biedermanns Stube, auf dem Dachboden oder aber auf der leeren Bühne.
Zu Beginn des Stückes sieht man ein Streichholz aufflammen, mit dem Biedermann sich die Zigarre anzündet, gleich eine Einstimmung in das Thema des Einakters. Biedermann ist umringt vom Chor, der wachsam spähend nach Feuersbrünsten Ausschau hält. Der von der antiken Schicksalstragödie übernommene Chor warnt den Zuschauer gleich von Anfang an, es nicht als blindes Geschick aufzufassen, was der Titelheld erleidet, sondern daß er sich selbst bewußt in das Ungeheure begibt:

> „Aber nicht alles, was feuert, ist Schicksal,
> Unabwendbares ...
> Nimmer verdient,
> Schicksal zu heißen, bloß weil er geschehen:
> Der Blödsinn,
> Der nimmerzulöschende einst!"

Die erste Szene spielt in Biedermanns Stube. Zigarrerauchend liest er Zeitung und wettert über die Brandstifter, von denen die Blätter ständig voll sind. Immer ist es ein Hausierer, der sich im Dachboden einnistet. „Aufhängen sollte man sie", ist Biedermanns Meinung dazu. In diesem Moment meldet das Dienstmädchen Anna einen Hausierer, der sich nicht abweisen läßt und durch Anna bereits an Biedermanns Menschlichkeit appelliert. Der Haarwasserfabrikant bemüht sich zu betonen, daß er kein Unmensch sei. Währenddessen dringt Josef Schmitz jedoch schon ungebeten in die Stube ein. Die Regieanweisung beschreibt ihn als Athleten, sein Kostüm erinnert halb an Strafanstalt und halb an Zirkus. Schmitz – schon äußerlich ganz und gar nicht vertrauenerweckend – nistet sich durch sanfte Hinweise auf seinen Ringerberuf bei Biedermann ein. Seine Angst tarnt Biedermann als Menschlichkeit. In einer Mischung aus

Unterwürfigkeit und Unverschämtheit ist Schmitz für Biedermann nicht recht greifbar. Einerseits gibt er selbst Anna Anweisungen bezüglich seiner Verpflegung, andererseits schmeichelt er dem Fabrikanten wegen seiner Zivilcourage, seiner positiven Einstellung, seines Gewissens, was Biedermann irgendwie peinlich berührt abwehrt. Schmitz erwähnt ganz nebenbei einen Brand bei seinem letzten Arbeitgeber, einem Zirkusdirektor, erzählt von seiner bemitleidenswerten Jugend als Köhlerssohn und hält Biedermann zugleich mit Gerede von dessen Glauben ans Gute im Menschen und Bemerkungen über seine Kraft als Ringer in Schach. Beide unterhalten sich über die Brandstiftungen der letzten Zeit, die immer nach dem gleichen Muster ausgeführt sind, als Knechtling, ein entlassener Angestellter, Biedermann zu sprechen wünscht. In diesem kurzen Ausschnitt der Szene wird Biedermanns wahres Gesicht deutlich. Er weist Knechtling, der eine Beteiligung an der eigenen Erfindung fordert, mit dem Hinweis auf einen Anwalt oder den Gashahn ab. Man sieht, wie weit es mit der Menschlichkeit Biedermanns bestellt ist.
Schmitz spricht auch gleich ironisch darauf an. Biedermann ist die Szene peinlich, und der Ringer dreht die Situation gleich so für sich, daß Biedermann ein Asyl für ihn auf dem Dachboden einfach nicht mehr ablehnen kann. Er versteckt ihn vor seiner herzkranken Frau auf dem Estrich. Er läßt sich noch – hier wird bereits die Vorahnung und das schlechte Gewissen deutlich – von Schmitz bestätigen, daß er kein Brandstifter sei. Babette, die vom Boden etwas hört, beruhigt sich mit dem von ihrem Mann abgegebenen Versprechen, jeden Abend persönlich dort noch einmal nach Brandstiftern Ausschau zu halten. Der Chor beklagt anschließend, daß die Gattin zwar ruhelos ist, aber kein Anruf bei der Feuerwehr eingegangen sei.

In der zweiten Szene entschuldigt sich Biedermann quasi gegenüber sich selbst wegen des Asyls für Schmitz, indem er seiner Frau ziemlich lautstark klarmacht, daß man ein bißchen Vertrauen haben müsse. Seine Verlogenheit wird wenige Sätze später offenbar, als Biedermann im Zusammenhang mit Knechtlings Entlassung zu Babette sagt: „Ich bin zu gutmütig, du hast recht: Diesem Knechtling werde ich die Kehle schon umdrehn."

Vor der Frau, die ihn am nächsten Tag nach dem Frühstück hinauswerfen will, verbrüdert sich Schmitz zur Verwunderung von Babette sofort mit Biedermann. Auch bei ihr appelliert er sofort an Mitleid und Sentimentalität, indem er sie an seine schwere Jugend erinnert. Ihre Andeutungen über eine Beendigung seines Asyls mißversteht er absichtlich, sagt es ihr jedoch dann plötzlich so krass und direkt ins Gesicht, daß sie selbst einen Rückzieher macht. Schließlich nennt sie ihn sogar Sepp und drängt ihn zum Bleiben, weil sie Angst hat, ihn gekränkt zu haben. Schmitz kündigt bei dieser Gelegenheit auch gleich den Kellner Willi Eisenring an, seinen Kumpan, vor dem er nicht verhehlt, daß er im niedergebrannten Metropol beschäftigt war.
Die zweite Nacht wacht wieder der Chor, der beunruhigt die Anwesenheit von nunmehr zwei verrosteten Fahrrädern vor dem Haus feststellt und allgemeingültig warnt:

> „Blinder als blind ist der Ängstliche,
> zitternd vor Hoffnung, es sei nicht das Böse,
> freundlich empfängt er's, . . .
> hoffend das beste,
> bis es zu spät ist."

Zu Beginn der nächsten Szene rollen Schmitz und Eisenring auf Socken Benzinfässer in den Estrich. Willi beruhigt Schmitz wegen dessen Sorge, Biedermann könne die Polizei rufen. In diesem Augenblick tritt Biedermann, zum ersten Mal wirklich energisch gegenüber seinem neuen Hausgenossen, auf den Dachboden. Er droht sogar mit der Polizei, bis er aus dem Konzept gerät, als er plötzlich Eisenring auch noch sieht, von dessen Anwesenheit im Haus er keine Ahnung hatte. Dieser nimmt ihm den Wind aus den Segeln, indem er Biedermanns Vorwürfe immer direkt an Schmitz weitergibt. Sie überrumpeln Biedermann auch mit der Wahrheit bezüglich der Fässer. Als ein Polizist in die Dachkammer tritt, um den Selbstmord von Knechtling zu melden, macht sich Biedermann unfreiwillig zum Komplizen der beiden, indem er sie indirekt als Angestellte ausgibt und den Inhalt der Fässer als Haarwasser. Damit hat sich Biedermann zum Mitschuldigen gemacht. Als Biedermann und der Polizist gehen, holt Schmitz die Zündschnur aus seiner Hosentasche.

Der Chor vermeldet, daß immer noch nichts geschehen sei. Vorwürfe werden dem Menschen gemacht, der die Zeichen des Unheils zeitig genug vernehmen könnte, wenn er nur wollte. Biedermann, der zum Rechtsanwalt will, läßt sich von dem Warnen des Chores nicht aufhalten. Er pocht auf sein Recht als freier Bürger, überhaupt nichts zu denken. Und weiter: „Man soll nicht immer das Schlimmste denken. Wo führt das hin! Ich will meine Ruhe und meinen Frieden haben, nichts weiter." Er bekennt, daß er an keinen Stammtisch mehr geht, weil er nicht immer das Gerede von Brandstiftern ertragen könne. Zugleich mit Vertrauensduselei gibt er jedoch zu, daß er Angst habe, kein Auge schließen könne und an der Decke gehorcht habe. Es sind typisch bürgerliche Argumente, mit denen sich Biedermann wegen der Ereignisse auf seinem Dachboden herauszureden versucht.

Die nächste Szene beginnt im Dachboden. Eisenring prüft die Windrichtung und wickelt Schnur von einer Spule. Unten in der Stube teilt Biedermann unterdessen seiner Frau mit, daß er die beiden Gesellen vom Dachboden einladen werde zu einem Gänsebraten, um sie zu Freunden zu machen. Da ein Streichholz genüge, um das Haus in Flammen zu setzen, sei es besser, Schmitz und Eisenring nicht als Feinde zu haben.

Sogleich geht Biedermann nach oben, um seinen Entschluß weiterzugeben. Er ist groteskerweise um so höflicher und zuvorkommender, je mehr ihm die Absichten der beiden klar werden. Biedermann behandelt die Ganoven mit Samthandschuhen. Wenn sie ihm die Wahrheit über ihre Absichten ziemlich unverblümt sagen, lacht er wie über einen schwachen Witz. Eisenring spricht beispielsweise ganz offen von Holzwolle, die die Funken am weitesten trägt, von der Zündkapsel und vom Gefängnis, in dem der Kellner gesessen habe. Sie sagen Biedermann ins Gesicht, was spätestens ihn zum Aufwachen bringen müßte: „Scherz ist die drittbeste Tarnung. Die Zweitbeste: Sentimentalität ... Aber die beste und sicherste Tarnung ist immer noch die blanke und nackte Wahrheit. Komischerweise. Die glaubt niemand."

Die Witwe Knechtling wird von Anna eingelassen, ohne daß sie ihr jedoch Hoffnung machen kann, daß Biedermann mit ihr sprechen wolle. Währenddessen geht die Anbiederung

des Haarwasserfabrikanten weiter, der einfach nicht die offen zutage tretende Wahrheit sehen will. Eisenring nimmt die Einladung zum Abendbrot mit Gans und bestem Wein an. Jetzt tritt erstmals ein Intellektueller als dritter Kumpan auf, ein Doktor, wie Eisenring ihn anspricht. Er macht jedoch keine Aussage.
Der Chor, der sich versammelt hat, gibt zu erkennen, daß er bereit ist für das kommende Unheil. Babette hat eine Ahnung, daß dies ihre letzte Nacht sein könnte. Sie macht deutlich, daß ihr Mann bereits einmal ähnlich wie jetzt gedacht habe, damals, als er in „die Partei" ging. Es gibt wohl keinen Zweifel darüber, an welche Art von Partei Frisch dabei gedacht hat. Der Chor nimmt abwertend von der Existenz des Doktors in diesem Geschehen Kenntnis, dem der Zweck die Mittel heilige für seine Idee.

In der nächsten Szene weist Biedermann die Witwe Knechtling, die bis dahin unbeachtet herumgestanden hatte, endgültig fort und beschäftigt sich mit den Vorbereitungen für das Abendessen mit Schmitz und Eisenring. Alles, was seinen Lebensstil ausmacht, Kandelaber, Servietten, Silber, muß verschwinden. Die beiden, die seine Freunde werden sollen, werden alles so vorfinden, daß es sie nicht unangenehm berührt. Auf diese Weise macht er sich auch äußerlich mit den beiden Ganoven gemein, will alle Klassenunterschiede verwischen, will ihnen nicht vor Augen führen, daß er etwas „Besseres" ist, obwohl sie es doch schon längst wissen. Währenddessen wird ein Beerdigungskranz für Knechtling gebracht, auf dem – Ironie des Schicksals – eine falsche Schleife angebracht ist, die einen Nachruf für Gottlieb Biedermann enthält.
Im Laufe des Abendessens, beim Weinholen, macht Biedermann noch einmal dem Publikum ganz deutlich, daß er blanke Angst hat, die ihn zu all diesen Unwürdigkeiten getrieben hat. Zugleich macht er einen letzten Rechtfertigungsversuch.

Zu Anfang der sechsten und letzten Szene ist das Gansessen in vollem Gange. Über die Bemerkung von Schmitz und Eisenring, sie hätten Putzfäden statt Holzwolle aufgetrieben, lacht Biedermann wie über einen gelungenen Witz. Seine Frau Babette dagegen sieht die Sache so ernst wie sie ist. Unverschämt und unverfroren machen die beiden sich am Tisch breit und äußern den Wunsch nach einer festlichen Tafel, die ihnen natürlich auch sofort serviert wird, mit allem, was extra zur Seite geschafft wurde. Inzwischen geben sich die beiden ganz unverholen als Brandstifter zu erkennen. Biedermann lacht. Er will nicht als „Spießer" gelten, „der keinen Humor hat, ... den man ins Bockshorn jagen kann". Dann spielt Schmitz, der nach eigenen Angaben eine Woche beim Theater war, bevor es niederbrannte, mit Hilfe eines übergeworfenen Tischtuchs Knechtlings Geist. Frau Biedermann erschrickt aufs äußerste, auch Anna hat große Angst. Während des Spiels kommt die Erinnerung an Hugo von Hofmannsthals „Jedermann" auf.

Biedermann lacht über jeden albernen und ordinären Witz und grölt schließlich zusammen mit Schmitz und Eisenring ein dummes Lied, aus dem sie durch Sirenengeheul gerissen werden. Die beiden Ganoven gestehen unumwunden, daß sie meistens so vorgehen, indem sie zunächst Feuer in die Außenbezirke legen, damit die Feuerwehr abgelenkt wird. Jetzt endlich vergeht auch Biedermann das Lachen, allerdings will er den Ernst der Situation immer noch nicht erkennen, sondern hält das alles für einen – wenn auch schlechten – Scherz. Dennoch bleibt er bei seiner Verbrüderung und gibt ihnen, nachdem sie sich zur Brüderschaft geküßt haben – sogar die Streichhölzer. Gegenüber Babette erklärt er diese Handlung damit, daß wirkliche Brandstifter ja Streichhölzer haben würden. Der Dr. phil., der eine eilige Erklärung abgeben will über seinen Irrtum, mit beiden zusammengearbeitet zu haben, wird übertönt vom Geheul der Sirenen. Er überreicht Biedermann ein Schriftstück, in dem er sich distanziert, nachdem es zu spät ist, weil er erkannt hat, daß Schmitz und Eisenring nicht aus Ideologie, sondern aus purer Lust Feuer legen.

Der Schlußchor wiederholt, was Frisch als Untertitel gesetzt hat: „Lehrstück ohne Lehre", indem die Geschichte des Biedermann als sinnlos bezeichnet wird, weil sie nichts änderte und – so weiß man – nichts ändern wird.

Das später geschriebene Nachspiel handelt in der Hölle; Schauplatz ist die völlig leere Bühne. Biedermann glaubt voll Selbstgerechtigkeit, im Himmel zu sein, während seine Frau Babette da durchaus skeptisch ist. Auch in der Ewigkeit erkennt Biedermann nicht seine Schuld, sondern fragt, was er denn getan habe, um nicht im Himmel zu sein. Nicht als Schuldige sehen sie sich, sondern als Opfer, für die Wiedergutmachung geleistet werden muß. Der Dr. phil. tritt als Meerkatze auf, der einige Verdammte in die Hölle aufnimmt. Biedermann und Frau verlangen nun, den Teufel zu sprechen, weil doch alles ein Irrtum sei, und nehmen auf ihren eigenen verkohlten Sesseln Platz. Beide fordern nicht – wie sie sich ausdrücken – Barmherzigkeit, sondern ihr Recht, ihr „gutes und schlichtes Recht". Biedermann appelliert darüber hinaus an „ein bißchen Gnade", da er ja auch nichts anderes getan habe als alle anderen.

Gegenseitig machen sich jetzt Gottlieb Biedermann und Babette Vorwürfe, die Brandstiftung nicht von Anfang an verhindert zu haben, als sie erfahren, daß Sepp Schmitz der Beelzebub ist. Beim Anblick der Witwe Knechtling findet Biedermann auch wieder eine Reihe von Entschuldigungen. Den Brand in der Stadt bezeichnet er jetzt sogar als Segen, da alles wieder schöner als zuvor aufgebaut wurde in Chrom und Glas.

Unterdessen wird bekannt, daß es eine Höllenkrise gibt, da der Himmel alle wirklichen Großverbrecher begnadigt und sogar der verkleidete Teufel einen Segen erteilen konnte. Der Herr der Hölle, der Kellner Eisenring, macht sich bereit, um erneut auf die Erde zu gehen. Währenddessen versuchen sich Biedermann und Frau bei ihm anzubiedern mit der Erinnerung an den Abend mit Gänsebraten und Pommard. Willi, der Teufel, überhört sie einfach. In seinem Gespräch mit Beelzebub teilt er mit, daß alle, die Uniform getragen haben, als sie töteten, gerettet seien. Der Chor erhält den Auftrag, die Hölle zu löschen, da es sich nicht lohne, sie für Biedermänner und dergleichen zweitrangige Verbrecher zu führen. Beelzebub beklagt, daß man ihm damit seinen Kinderglauben nehme, daß jeder, der tötet und schändet, des Teufels sei.

Nachdem die Hölle gelöscht ist, ziehen Sepp und Willi auf die Erde zu neuen Brandstiftungen, ohne Streichhölzer, aber voll Hoffnung und Gewißheit, daß man sie ihnen schon wieder geben wird. Während der Chor von der wiedererstandenen Stadt erzählt, halten sich Babette und Gottlieb Biedermann, in der gelöschten Hölle kniend, für gerettet.

4.4 Personenbeschreibung

Gottlieb Biedermann

Die Hauptperson des Stückes ist — wie schon der Name andeutet — als typischer Spießbürger gezeichnet. Große Reden schwingend und Phrasen dreschend, stellt er sich dem Zuschauer zigarrerauchend in einem bequemen Sessel vor. Daß er regelmäßig den Stammtisch besucht und dort ebenfalls stets moralische Sprüche ohne überlegten Hintergrund von sich gibt, erzählt er selbst in der ersten Szene. Zugleich macht er zumindest seiner Frau gegenüber kein Hehl daraus, daß er im Grunde ein geschäftlicher Betrüger ist: denn das Haarwasser, durch das er Millionär geworden ist, sei nicht besser und nicht schlechter, als wenn die Leute sich „ihren eigenen Harn" auf die Glatze schmieren würden. Seine moralischen Grundsätze sind verschwommen und überhaupt nicht reflektiert. So glaubt er an das Gute im Menschen, ohne zu wissen, was gut ist. Er legt seinerseits großen Wert darauf, als mitfühlender und barmherziger Mensch erkannt zu werden, ist jedoch – siehe Knechtling – hartherzig und egoistisch. Zwar plädiert er gegen jedes Mißtrauen, hegt es jedoch selbst von Anfang an gegen Schmitz, will es nur nicht eingestehen. Er, der mutig dastehen will, wirft den Ringer aus reiner Angst nicht vor die Tür und möchte die Aufgabe am anderen Tag am liebsten seiner Frau überlassen.
Biedermann ist der Prototyp des heuchlerischen Spießers, der nur dann, wenn es an seine Existenz beziehungsweise an sein Geld geht, die Maske fallenläßt. Man nimmt ihm ab, daß er – außer in den wenigen Augenblicken, in denen er seine Furcht und seine böse Ahnung zugibt – sich selbst mit Erfolg einredet, nicht mißtrauisch sein zu dürfen und Mitleid walten zu lassen. Biedermann hat ebenso wenig wie in seinem betrügerischen Geschäft wirkliches Rückgrat im privaten Leben, als er sich mit den beiden Ganoven bis zur völligen Selbstaufgabe verbrüdert. Stark ist er nur dort, wo er weiß, daß seine Befehle widerspruchslos hingenommen werden, nämlich gegenüber seiner Frau, dem Dienstmädchen und seinen Angestellten.
Er ist dumm und geistig völlig unselbständig, was in manchen Gesprächen mit den Ganoven zutage tritt, die ihn

ständig mit ihrer Rede überfahren und gänzlich hilflos sich ausliefern. Sein Ehrgeiz, beliebt und angesehen zu sein, treibt ihn zusammen mit seiner Furcht vor den Eindringlingen in die falsche Herzlichkeit und Gastfreundschaft, die natürlich auch von beiden Ganoven durchschaut wird. Daß sein Verhalten nicht einmalig in seinem Leben ist, erzählt die Frau, die seine Mitgliedschaft in der Partei bekanntgibt. Schon damals habe er geglaubt, die andern Stärkeren, Mächtigeren zu Freunden haben zu müssen, meint sie deprimiert. Und so ist es zu guter Letzt auch nicht verwunderlich, wenn Biedermann am Ende sogar in der Hölle nichts dazugelernt hat, sich begnadigt glaubt und – als Höhepunkt – Wiedergutmachung für sein Eigenheim verlangt, das ja schließlich er selbst durch sein Verhalten mitangezündet hat.

Babette

Biedermanns Frau ist genauso charakterschwach wie er selbst. Ebenso ängstlich darauf bedacht, nicht als Spießer zu gelten, ist sie es doch mit all ihrem Achten auf Äußerlichkeiten und Konventionen. Auch sie ist von einer falschen Barmherzigkeit, die man gut mit Sentimentalität umschreiben kann. Deswegen kann sie Sepp auch trotz aller guten Vorsätze nicht wegschicken, als er ihr seine traurige Jugend schildert. Aber wo es wirklich auf Mitleid ankommt, nämlich den Knechtlings gegenüber, ist sie ebenso hart wie ihr Mann oder unternimmt zumindest nichts, um ihn umzustimmen. Im Gegenteil, sie redet ihm noch ein, zu gut zu sein gegenüber seiner Umwelt, und man merkt, daß sie es selbst glaubt. Dennoch ist Babette sympathischer als ihr Mann, weil sie sich nicht ganz so verlogen gibt wie er. Sie läßt ihre Angst deutlicher erkennen, drückt sie nicht so nieder wie Biedermann, was vielleicht in dem Unterschied der Geschlechter bedingt ist. Eine Frau, so denkt man, darf zeigen, wenn sie sich fürchtet. Zumindest ist jedoch Babette klarer sehend als Gottlieb und scheut sich auch dann nicht, ihre Meinung zu sagen, wenn ihr Mann sie dafür mißtrauisch und überängstlich schimpft. Noch zum Schluß tadelt sie ihn – aber natürlich ohne die Konsequenzen eines eigenen energischen Handelns – dafür, den beiden Männern Feuer gegeben zu haben. Sie läßt auch ihr Gewissen mehr sprechen als Gottlieb, was in der Hölle deutlich wird. Immer wieder denkt sie ans Reichen der Streichhölzer und sieht darin durchaus – zumindest bei ihrem Mann – eine gewisse Schuld. Aber sie zieht nicht die notwendige Schlußfolgerung daraus, auch sich selbst die Mitverantwortung zu geben. Insofern ist auch sie ungeläutert, als die Hölle verlöscht. Frisch zeigt in Babette die typische Kleinbürgersfrau, die nicht wagt, gegen ihren Mann die eigene – wenn auch bessere und vernünftigere – Meinung durchzusetzen. Sie ist ein reines Anhängsel, im Grunde überflüssig. So ist auch nicht erstaunlich, daß in der Prosaburleske in Frischs Tagebuch die Frau als selbständig gezeichnete Person gar nicht auftritt.

Schmitz und Eisenring

Beide sind, wie aus dem Nachspiel ohne allen Zweifel hervorgeht, das leibhaftige Böse. Hier tritt es in der Gestalt von Brandstiftern auf, aber jede andere Verbrecherart würde ebenso in ihr Repertoire passen. Ihre unterschiedlichen Berufe kennzeichnen bereits den Unterschied zwischen beiden: Schmitz ist gröber, naiver, plumpvertraulich, manchmal direkt gutmütig erscheinend, um sentimentale Lügengeschichten nie verlegen und macht ein Geschäft aus seinem schlechten Benehmen, für das er anderen Menschen Schuldkomplexe auflädt. So kalkuliert er richtig, daß er mit falschem und mißverstandenem Mitleid rechnen kann, das er schamlos ausnutzt. Letztlich ist er ebenso grausam und brutal wahrhaftig wie Eisenring, wenn er seine wirklichen Absichten kundtut. Dieser hat bessere Manieren, ist artifizieller in seiner Bösheit und weiß ebensogut wie Schmitz auf der Tastatur der menschlichen Gefühle – Eitelkeiten wie Ängste – zu spielen. Insgesamt sind sie beide gar nicht besonders klug, nur geschickt. Die Mitmenschen machen es ihnen ja so leicht, ihre schlechten Absichten zu verwirklichen. Ihre Schläue ist im Grunde in diesem einen Satz formuliert: „Scherz ist die drittbeste Tarnung. Die zweitbeste: Sentimentalität ... Aber die beste und sicherste Tarnung ist immer noch die blanke und nackte Wahrheit. Komischerweise. Die glaubt niemand." Beide spekulieren mit der Schwäche derjenigen Menschen, die glauben und hoffen, „daß nicht sein kann, was nicht sein darf". Und auf dieser

Basis laufen ihre Vorbereitungen und Pläne ohne Hindernisse ab. Dabei haben sie es nicht einmal nötig, sich umgekehrt auch mit Biedermann und seiner Frau zu verbrüdern. Sie wahren ihre Eigenheit und sind in dieser Beziehung die einzigen der Hauptpersonen, die nicht verlogen sind. Daß das Böse immer wieder Fuß fassen können wird, wird aus ihren Worten in der Hölle deutlich, daß ihnen schon jemand die Streichhölzer geben wird, die sie zum großen Brand benötigen.

Anna

Das Dienstmädchen ist eine dümmliche, pflichtgetreue Person, die in Biedermanns Haushalt paßt. Sie ist völlig farblos und tut, was man ihr sagt, auch wenn sie sich dabei wundert. Sie lacht nur ein einziges Mal, wie in dem Stück selbst betont wird, und zwar bei dem vulgäralbernen Liedchen vom Fuchs, der die Gans gestohlen hat. Den Witz kann auch sie begreifen. Sie ist stellvertretend für die Masse der Mitläufer, die selbst zwar nicht aktiv zu werden brauchen, aber auch nichts zu verhindern suchen. Alles Geschehen in diesem Stück prallt an ihr ab und zieht sie so mit in das Verhängnis.

Dr. phil.

Der Doktor verkörpert den Intellektuellen, für den der Zweck die Mittel heiligt, wie der Chor bemerkt. Fanatisch und von einer Idee besessen, wird er zum Mittäter, und zwar in der ersten Kategorie, in der der Ganoven, nicht wie Biedermann und seine Frau Babette in der zweiten oder gar wie Anna in der letzten Reihe. Seine Brille, die ihm Weitsicht verleihen soll, gibt ihm zum Leidwesen des betrachtenden Chores jedoch nicht die Fähigkeit, die Folgen zu durchschauen. Er weiß zwar, daß in den Fässern Benzin ist, weiß auch, daß es brennt, sieht aber nicht, daß seine Idee im Falle eines Großfeuers schließlich auf toten Boden fallen muß. Er sieht in seinem ideologischen Eifer vor allem auch nicht, daß das Böse in Gestalt von Schmitz und Eisenring von keiner Idee ausgeht, sondern schlicht aus Lust feuert. Als er seinen Fehler erkennt, ist es zu spät. Er hält eine lange Erklärung über seine Motive, die jedoch schon vom

Unheil — vom Geheul der Sirenen — überflüssig und unhörbar gemacht wird. Zum Schluß distanziert er sich mit der Entschuldigung, die wirklichen Absichten seiner Komplizen nicht erkannt zu haben, und zieht sich aus der Verantwortung zurück, indem er in den Publikumsraum heruntersteigt. Im Nachspiel hat er die Rolle des bürokratischen Höllenverwalters zu übernehmen, der den Verdammten in Gestalt der Meerkatze ihre Sünden aus einem Katalog zudiktiert. Noch hier ist er der – wenn auch untergeordnete – tätige Böse, quasi der Schreibtischtäter. Welcher Art seine Idee ist, wird nicht gesagt, weil dies in diesem Fall gar keine Rolle spielen würde.

Der Chor

Die warnenden und beobachtenden Feuerwehrleute, die erst eingreifen, wenn es zu spät ist, haben die Funktion des Kommentators, der den Zuschauer von Anfang an zum Nachdenken anregt über das, was er sieht, und ihm die Schlußfolgerung auf die Zunge legt. Wie die Feuerwehr können die warnenden Rufer kraft Amtes nichts unternehmen, bevor es zu spät ist.

4.5 Problemkreise

Das „Lehrstück ohne Lehre", das Max Frisch „Biedermann und die Brandstifter" genannt hat, ist ein Modell für die Gefährlichkeit der politischen Dummheit des Bürgers, für seine Bequemlichkeit, wenn es heißt, in Aktion gegen Mächtigere zu treten, für die Neigung des kleinen Mannes, gegen besseres Wissen zum Mitläufer und damit zum Mitschuldigen zu werden. Hellmuth Karasek hat in seiner Interpretation gesagt, „der Biedermann ist ein Stück der zu Ende gedachten Ausflüchte, die in die allgemeine Katastrophe münden". (in Beckermann, a. a. O., S. 146)
„Biedermann und die Brandstifter" ist geboren aus geschichtlichen Gegebenheiten: im „Tagebuch 1946-49" setzte Frisch die Prosaburleske hinter seine Anmerkungen zum Umsturz in der Tschechoslowakei. Ob es aus den Reflektionen des Autors über diese Ereignisse geboren wurde, ob andere geschichtliche Hintergründe den Ausschlag gaben, zum Beispiel die Machtergreifung Hitlers, vermag nur Frisch selbst

zu sagen. Es ist letzten Endes auch völlig nebensächlich, denn als Modell braucht „Biedermann und die Brandstifter" nicht einen genauen zeitgeschichtlichen Bezug. Dieser würde das Stück vielmehr in seiner Bedeutung als Kunstwerk auf Dauer herabmindern. Friedrich Luft hat allein schon auf drei mögliche Auslegungen des Stückes aufmerksam gemacht, mit denen aber seine „Anwendbarkeit" nicht erschöpft sein dürfte. Luft schrieb: „Man kann deuten: wir wußten ja, daß Hitler Krieg, Vorherrschaft, Brand und Ausrottung meinte. Er hat's deutlich genug gesagt. Trotzdem hat man's nicht recht geglaubt: Biedermann als Mitläufer. Oder man kann (und soll wohl) an die Brandstifter denken, die mit dem neuen großen Feuer, mit der Teufelsbombe kokeln. Wir dulden es. Wir sehen es mit an und finden viele Gründe, es zu tun. Aber die Lunte ist gelegt. Wehe! Oder man kann an die demokratische Duldsamkeit denken, mit der extreme Brandstifter biedermännisch von uns ausgehalten werden, ganz rechts und ganz links. Die Luntenleger des Umsturzes sitzen an unseren Tischen, kaum verdächtigt. Aus Gründen der öffentlichen Gemütlichkeit schieben wir die Regungen einer besseren Einsicht einfach weg: Ist ja alles nicht so schlimm ... "

Ist ja alles nicht so schlimm! Diese Selbstberuhigung und Selbstlüge geißelt Frisch in seinem Stück, das bis zum Exzeß führt. Und das Schlimme dabei ist, daß der Autor gegen jeden Vorwurf, mit seiner Konsequenz zu weit gegangen zu sein, auf den Weltbrand verweisen kann, den die deutschen Biedermänner mit Hitler entfachten. „Biedermann und die Brandstifter" ist ein Stück von der Gefahr, die von der privaten Sphäre des geduldigen, viel zu duldsamen Bürgertums kommt, von dem Unheil, das in der mittelständischen Gemütlichkeit mit Leuchtern, Tischdecken und Silber, Gänsebraten und einem guten Wein auf offene Arme stößt, bloß weil eben diese Bürger „in Ruhe und Frieden" gelassen sein wollen. Frisch zeigt hier die Umkehrung der Tugenden, die in Preußen zur ersten Bürgerpflicht proklamiert wurden und die aus Bequemlichkeit viel zu intensiv auf Annahme gestoßen sind.

Max Frisch geißelt in seinem Stück die Dummheit dessen, der sieht und nicht sehen will; die Feigheit dessen, der aus lauter Angst vor einem bißchen Macht sich selbst in die völlige Selbstaufgabe treibt und damit einer viel größeren, ihn aufreibenden Macht den Weg bereitet; die Leichtfertigkeit dessen, der mit moralischen Urteilen um sich wirft, ohne im Grunde eine andere Weltanschauung als die seiner gemütlichen Häuslichkeit zu haben; schließlich die verlogene Eitelkeit, die die letzte Klarsicht zunichte macht, indem man sich selbst etwas vormacht.

Schon die ersten Sätze des Stückes enthalten die ganze Exposition. Das, was Biedermann jeden Tag in der Zeitung liest, worüber er an seinem abendlichen Stammtisch mit so radikalen „Endlösungen" wie Aufhängen urteilt, begegnet ihm jetzt selbst. Wie es in Wirklichkeit aussieht mit Biedermann, gemessen an seinen großen Sprüchen im Kreise seiner Zechgenossen, beweist sich jetzt. Das ganze, auf luftleeren Raum gebaute Kartenhaus des Gottlieb Biedermann fällt in sich zusammen, als er der Realität begegnet. „Gottlieb Biedermann – schon der Name offenbart die parodierende Reduktion des Welttheaters auf Alltagsbanalität", heißt es bei Karasek.

Biedermann taumelt halb wissend, halb unbewußt in sein Unheil. Sein Drang, vor der Umwelt als großzügiger, guter Mensch und keineswegs als kleinkarierter Spießer dazustehen, läßt ihm vor sich selbst und auch vor dem Eindringling Schmitz die Ausrede zu, statt aus Angst – dies ist ja der wirkliche Beweggrund – aus Menschlichkeit dem Ringer Asyl zu gewähren. Damit fängt die Reihe der Lügen an; „Biedermann verfängt sich in der ersten Schlinge, die ihm gelegt wird, zieht sich selbst die ‚Natter am Busen' heran." schreibt Carol Petersen. (Petersen a. a. O., S. 76)

Daß sich Biedermann – und wie er ein ganzes Volk, so zeigt die Geschichte – vom ersten Terror einschrecken läßt, ist für ihn dermaßen erniedrigend, daß er es nicht wahrhaben will. Nun beginnt er mit den Moralreden von Vertrauen, das man doch haben muß, von Menschlichkeit und Barmherzigkeit, die aus seinem Mund schal und abgestanden klingen, nachdem er sich in der Knechtlingszene offenbart hatte. Daß er sich nicht wohl fühlt mit dem fremden Gast unter seinem Dach, wird auch deutlich, als er ihn durch seine Frau hinauswerfen lassen will. Der Millionär Biedermann, in jeder Hinsicht Herr im Hause, versteckt sich plötzlich für eine unangenehme Handlung hinter seiner Frau, die doch nicht mehr ist als sein Papagei. Nach dem Terror tut jetzt die Tarnung Sentimentalität, von der Eisenring spricht, seine Wirkung. Die Sentimentalität, bei der Frau Biedermann gepackt wird, kommt auch dem zweiten Eindringling, dem Kellner Willi, zugute. Sentimentalität im Gegensatz zum echten menschlichen Mitleid wird hier von Frisch kritisiert – als Pseudogefühl, das lediglich Schwäche bedeutet.

Schlechtes Gewissen als Ursache weiteren Schuld- auf-sich-Ladens zeigt Frisch im Fortgang des Stückes. In der Situation, als Biedermann zum ersten Mal berechtigterweise der Kragen platzt, weil er das Fässereinbringen in den Dachboden nicht dulden will, kommt ein Polizist, um Knechtlings Selbstmord zu vermelden. Auf seine Frage nach dem Inhalt der Fässer macht sich Biedermann zum Kumpan der beiden Ganoven, indem er lügt. Aus dieser quasi offiziellen Lüge nun kann er noch schlechter heraus als aus den bisherigen, zumindest würde es ein Großteil Zivilcourage bedeuten. Diese aber besitzt der Bürger Biedermann, dessen Schlagworte „Ruhe und Frieden" sind, nun überhaupt nicht, steht sie doch in direktem Gegensatz zu seiner spießerhaften Bequemlichkeit.

Die Zerrissenheit des Mitläufers Biedermann wird in wenigen kurzen Einblenden sichtbar, wenn er sich und vielleicht seiner Frau oder dem Chor gesteht, Angst zu haben, kein Auge mehr zumachen zu können des Nachts und an der Decke zu horchen. Weil er nicht mehr mitzureden wagt über die Brandstifter, geht er auch an keinen Stammtisch mehr, wo ihm immer der Spiegel vorgehalten wird. Denn dort sind die Brandstifter noch immer ein unverfängliches Thema, über das man urteilen kann, wie er es früher auch getan hatte. So gerät er immer mehr in eine selbstverschuldete Isolierung und zugleich durch den Zwang der Ereignisse in eine stets stärker werdende Kumpanei mit den Gangstern, die schließlich, konsequent durchgeführt, in einer widerlich unechten, gespielt herzlichen Verbrüderung durch Biedermann gipfelt, weil er auf Schonung hofft. Letztlich, auch hier wieder die einzige Konsequenz, wird Biedermann gar Handlanger, sucht die Zündschnur und reicht die Zündhölzer zu seinem eigenen Untergang; immer die von den Ganoven klar gesagte Wahrheit vor Augen, die er in seiner Verlogenheit zu einem Scherz umfunktioniert, bei dem ihm das Lachen im Halse stecken bleiben müßte.

„Man sieht!" schreibt Karasek, „eine Parabel, in der die Machtergreifung Hitlers treffend eingefangen ist. Die Erfahrung, daß Hitler aus seinen wahren Absichten in Mein Kampf nie einen Hehl gemacht hat, ist hier szenisch faßbar geworden. Der Terror kann sich unverblümt geben, sobald er den Bürger mitverstrickt hat, ihn zum Mitschuldigen machte. Er kann sich darauf verlassen, daß das Opfer nicht glauben wird, was es ahnt. Die Feigheit verschließt noch vor der Wahrheit Augen und Ohren." (in Beckermann, a. a. O., S 143 f.)

Das Unheil geschieht, obwohl es jeden Augenblick hätte vermieden werden können. Dies ist geradezu quälend an dem Stück, das doch überwiegend komödiantische Züge trägt. Quälend ist auch, daß niemand eingreift weder die Frau noch Anna noch gar die Feuerwehrleute. Und schon gar der Intellektuelle, der „es doch eigentlich wissen müßte", so meint man, ist noch Komplize des vollendet Bösen, ohne selbst wirklich böse zu sein. Bei Karasek lesen wir: „Die Figur des Dr. phil., ... ist eine neue Variation der Frischschen Grundfigur des ohnmächtigen Intellektuellen. Sie ist auch zur Parabelfigur des geistigen Wegbereiters der Macht gesteigert, der in Worten den Terror mit verbreitete und jetzt, da er Wirklichkeit geworden, entsetzt und wirkungslos gegen ihn protestiert: so hatte er es nicht gewollt." Also ist auch von der berufensten Seite keine Hilfe zu erwarten und zu erhoffen, eine insgesamt pessimistische Perspektive. Diesem Pessimismus hat Frisch bereits in seinem Untertitel „Lehrstück ohne Lehre" Ausdruck verliehen. Im Gegensatz zu Bert Brecht ist Frisch der Ansicht, daß von diesem Stück keine Wirkung ausgehen wird, ebenso wie die „Helden" der Handlung unbelehrbar sind. Frisch sieht sich als Prediger vor tauben Ohren, stellt sich zumindest in „Biedermann und die Brandstifter" so dar. Möglicherweise ist jedoch dieser Untertitel provozierend gemeint, soll nur eine Gegenwirkung erzielen. Zumindest versucht der Autor, mit diesem Stück die Biedermänner wachzurütteln. Hoffnung, daß sie gegebenenfalls wesentlich anders reagieren, hat er wohl aber tatsächlich nicht. Für diese Einstellung spricht das Nachspiel in der Hölle, in dem der Haarwasserfabrikant und seine Frau ungeläutert und ohne sichtbare Schuldgefühle nur eines fordern: Gnade und Wiedergutmachung.

Hier nun schließt sich mancherorts eine Kritik an, die in diesem Zusatz zum eigentlichen Stück eine Minderung des künstlerischen Wertes sehen. Ist doch das Nachspiel – hart ausgedrückt – ein Kabarett-Sketch mit zu sehr zeitgeschichtlichem Bezug. Sehr stark wird an das Nachkriegsdeutschland erinnert, wenn von Wiedergutmachung, Entschädigung für das Eigenheim und auch davon die Rede ist, daß der Brand ja etwas Gutes gehabt habe: die Stadt sei erheblich schöner als zuvor aus den Trümmern erstanden. Wer hat diese Argumente nicht schon gehört, ebenso wie die, daß doch alle schuldig waren und deshalb nicht alle verurteilt werden dürften. Es ist wirklich bestes Kabarett, wenn die Hölle mit dem Streik droht, weil die uniformierten Verbrecher vom Himmel amnestiert wurden – eine Anleihe an die Entnazifizierung und Rehabilitierung, die das Modell „Biedermann und die Brandstifter" etwas von seinem allgemeingültigen Charakter einbüßen läßt. Bezeichnend ist ja auch, daß Frisch das Nachspiel für die Frankfurter Premiere schrieb.

Was nun bedeutet der Chor der Feuerwehrleute in „Biedermann und die Brandstifter"? Lassen wir Max Frisch selbst zu Wort kommen, der im Programmheft für die Züricher Uraufführung schrieb: „Der Chor ist nicht parodistisch gemeint, nur komisch. Der antike Chor, der die Stadt (und insofern den Zuschauer) vertritt und auf der Bühne wacht, beschwichtigt und warnt, ohne wirklich eingreifen zu können, wenn Kreon sich blindlings ins Unheil begibt, hat mich immer an die brave Feuerwehr erinnert, die auch nichts machen kann, bevor's brennt, und dann ist es ja – in der Tragödie und heute – zu spät."

Der Chor stellt den Zuschauer außerhalb des Geschehens auf der Bühne, er ruft ihn zur Beobachtung auf und verhindert die Identifizierung mit den Darstellern oder der Handlung. Wie schon der Untertitel zeigt auch er die Anlehnung Frischs an die Forderungen Brechts vom modernen Theater. Außerdem gibt der Chor jedem, der nicht den Sinn des Stücks verstehen will, unmißverständlich die Auflösung in die Hand. Die Feuerwehrleute helfen, die Katastrophe als das zu deuten, was der Dichter mit ihr sagen wollte: daß es kein Schicksal ist, was Biedermann dem Publikum vorleidet, so daß es sich ihm gleich fühlen könnte. Nein, es war ein abwendbares Unheil, in das sich Biedermann Schritt um Schritt selbst hineingesteigert hat.

„CHORFÜHRER:
Feuergefährlich ist viel,
Aber nicht alles, was feuert, ist Schicksal,
Unabwendbares.
CHOR:
Anderes nämlich, Schicksal genannt,
Daß du nicht fragest, wie's kommt,
Städtevernichtendes auch, Ungeheures,
Ist Unfug."

Und an anderer Stelle kurz danach heißt es:

„CHOR:
Nimmer verdient,
Schicksal zu heißen, bloß weil es geschehen:
der Blödsinn, der nimmerzulöschende einst."

Der Chor gibt später, bei einer Rechtfertigungsszene des Biedermann, folgendes zu bedenken:

„CHORFÜHRER:
Klug ist und Herr über manche Gefahr,
Wenn er bedenkt, was er sieht,
Der Mensch.
Aufmerkenden Geistes vernimmt er
Zeichen des Unheils
Zeitig genug, wenn er will.
CHOR:
Was aber, wenn er nicht will?
CHORFÜHRER:
Der, um zu wissen, was droht,
Zeitungen liest
Täglich zum Frühstück, entrüstet
Über ein fernes Ereignis,
Täglich beliefert mit Deutung,
Die ihm das eigene Sinnen erspart,
Täglich erfahrend, was gestern geschah,
Schwerlich durchschaut er, was eben geschieht —"

Hier wie auch an anderer Stelle des Stückes äußert sich Frisch ironisch über „Geschriebenes". Bei der Geist-Szene, die Schmitz mit dem Tischtuch aufführt, wird der Jedermann-Ruf zitiert, bei dem sich Biedermann und seine Frau an Salzburg erinnern, ohne aber dadurch wirklich verschreckt zu werden. In der Prosa-Burleske liest Biedermann das „Apostelspiel" von Max Mell, um sich zu entspannen und ein Schlafpulver zu sparen — Literatur als Beruhigung des Bürgers, nicht als Lehrmittel des Bürgers, dies ist die bittere Weisheit von Max Frisch, die er wohl auch für seine eigenen Stücke sieht.

Die Wahrheit der Unbelehrbarkeit hat Frisch dem Chor zum Schluß von „Biedermann und die Brandstifter“ ganz deutlich in den Mund gelegt:

„CHOR:

Sinnlos ist viel, und nichts
Sinnloser als diese Geschichte:
Die nämlich, einmal entfacht,
Tötete viele, ach, aber nicht alle
Und änderte gar nichts.“

Und auch im Nachspiel klagt der Chor:

„Schöner denn je
Wiedererstanden aus Trümmern und Asche
Ist unsere Stadt,
Gänzlich geräumt und vergessen ist Schutt,
gänzlich vergessen auch sind,
die da verkohlten, ihr Schrei
Aus den Flammen —
Gänzlich Geschichte geworden sind sie.“

Dazwischen sagt Biedermann den Satz: „Das Leben geht weiter“. Wieder machen die Biedermänner ihre Geschäfte, verkünden ihre Pseudomoral und tappen erneut in die erstbeste Katastrophe hinein, so daß aller Unfug neu beginnen kann, als habe es nie eine böse Geschichte gegeben. Frisch hat hier eine Parabel erzählt von der unbelehrbaren Dummheit der Menschen, die schließlich in Weltenbrände führt. Und die bittere Lehre dieser Parabel ist, daß der Blödsinn kein Ende nimmt.

Karasek macht darauf aufmerksam, daß „Biedermann und die Brandstifter“ von allen Frisch-Dramen das geradlinigste, knappste, konsequenteste ist, das – wenn man Parabel auch als Abstraktion begreift – von allem Zufall, von aller privaten Beiläufigkeit, von aller persönlichen Charakteriesierung am meisten abstrahiert ist. „‚Biedermann und die Brandstifter‘ ‚erzählt‘ seine Handlung mit mathematischem Kalkül, das Stück duldet keine Abschweifung und Aufweichung; den Figuren, die auftreten, wird nichts abgenommen, nichts gestattet, was nicht streng der Enthüllung der Parabel untergeordnet wäre – und dennoch beruht seine stupende Überzeugungskraft auch darauf, daß zwi-

schen der kompromißlosen Konsequenz der Handlung sich das unverwechselbare ‚Klima' des Stücks ausbreiten kann, jener gutbürgerlich schweizerische Biedersinn, jene wohlgeordnete, von chorischen Feuerwehrleuten umgebene Ordnung, die hier mit mathematischer Präzision in ihr Cannae geführt wird, in ihren Untergang, den sie als Keim in sich selbst trägt... so führt Frisch im ‚Biedermann' vor, daß große spektakuläre Aufbrüche für den Spießer gar nicht nötig sind, damit seine Welt der Gewalt zum Opfer falle."
„Biedermann" ist hier als das Drama der „feigen, puren Mitläufer" dargestellt, „bei denen Phantasielosigkeit, eine erschreckende Anpassungsfähigkeit und ein schrankenloser Egoismus die Voraussetzungen bilden, in denen sich die Gewalt ohne Schwierigkeiten einnisten kann". (in Beckermann, a. a. O., S. 137 f.)
Ist es nun Zufall oder Zeiterscheinung, daß der „Biedermann", das Stück um die Umwertung der Bürgertugenden in Untugenden, in letzter Zeit seltener auf den Spielplänen zumindest der deutschen Bühnen steht? Sollte es unmodern geworden sein, je länger das große Kriegschaos in die Vergangenheit rückt, in Vergessenheit gerät? Fühlt sich der heutige Deutsche über den Biedermann erhaben, sieht er ihn nicht mehr als warnende Abschreckungsfigur für sich selbst? Oder will man ihm nicht zuschauen, weil man sich selbst doch etwas darin erkennt und die Befürchtung eines neuen Weltenbrandes, auch eines unkriegerischen, nicht auszuschalten vermag? Lauscht der junge Biedermann nicht allzugern Feuerreden über die Zerstörung der bestehenden Ordnung – redet der ältere Biedermann nicht manchmal schon wieder fast dieselben Worte wie Gottlieb? Es dürfte entscheidend sein für die Überlebensdauer des Stückes, ob es zu unbequem geworden ist.

4.6 Biedermann — eine Komödie?

Ist nun „Biedermann und die Brandstifter" eine Komödie? Frisch hat hier – wie wir gesehen haben – ein schon durch sein Ende, sein „ohne Lehre bleiben" – ein pessimistisches Stück geschaffen, in dem jedoch, wie auch Carol Petersen meint, „das Komödiantische überwiegt". Macht dies eine Komödie aus?

Im Lexikon steht unter dem Stichwort Komödie: „Lustspiel, ein Schauspiel, das überwiegend Komik, Humor oder Witz enthält. Teilweise werden die Begriffe auch getrennt, so daß der Komik die Komödie, dem Humor das Lustspiel und dem Witz die Satire zugeordnet werden; doch läßt sich diese Trennung nicht streng durchführen, weil eine Komödie gewöhnlich Komik, Humor und Witz gleichzeitig enthält. So wird als Komödie schlechthin jedes Schauspiel bezeichnet, das in der Gesamtheit seines Verlaufs zum Lachen reizen will (dabei können einzelne Szenen durchaus ernster Natur sein)."

Will nun der „Biedermann" in der Gesamtheit seines Verlaufs zum Lachen reizen? Die Art der Darstellung ist oft komisch, fordert zum Amüsieren auf. Es ist jedoch ein bitteres Lachen, das dem Zuschauer kommt, ein Lachen, das in der Kehle zu ersticken droht. Bei einem Publikum, das den gemeinten Ernst versteht, dürfte ein recht gezwungenes Amüsement bei den „komischen Szenen" zum Durchbruch kommen.

Frisch selbst war sich wohl dieses Zwiespalts bewußt, als er im Programmheft für die Züricher Uraufführung Anmerkungen zu der Frage „Was ist komisch" machte. Der Autor schreibt darin: „Wunderbar wäre es ohne die Nachhilfe des Witzes. Witz ist ein Torpedo, das immer von der andern Seite kommt; er hat die Brisanz des Unverhofften. Witz beruht auf der Umkehrung einer Konvention und insofern auf einem gesicherten Einverständnis. Ein bekannter Beleg hierfür: daß eine Gesellschaft, wenn sie sich nichts mehr zu sagen wagt, sich in Witzen findet und zusammenhält. Anders der Humor. Er wagt das Ungewisse. Wer jemand findet, der seinen Humor abnimmt, findet jemand; man wird nicht torpediert, sondern gewonnen. Kann man Humor haben ohne die naiv-generöse Hoffnung auf Sympathie, Hoffnung, die gar nicht erst zielt, nicht schießt, sondern sich preisgibt? Humor ist der Scham sehr nahe, so daß er denn auch oft erstickt, wenn er Gelächter auslöst... Der Humor hat es auf der Bühne besonders schwer, scheint mir, schwerer als in der Epik; der Humor ist intim, und die Bühne ist das Gegenteil der Intimität; sie verletzt die Scham von vornherein. In diesem Zwiespalt entsteht die Frivolität beispielsweise eines Brecht, der kaum witzig war, aber frivol mit der Rasanz eines Puritaners; seine Frivolität: Ausdruck der größeren Scham. Brecht hat Humor. Und wieder etwas anderes ist das dröhnende Lachen, das uns das Groteske abzwingt. Grotesk ist der Mensch, wenn man ihn aus der Perspektive des Gottes zeigt, unweigerlich; daher ist das Groteske auch unbedingt sicher. Wir lesen vom Gelächter der Götter, nicht vom Humor der Götter. Humor ist unsicher, eine Beziehung des Menschen zu sich selbst, daher angewiesen auf den Partner, störbar wie Liebe, nicht durchzuhalten ohne Kommunikation – sonst verstummen wir oder werden witzig, was fast dasselbe ist." (in Spektaculum II, S. 6ff.)

Frisch hat hier nicht aufgeschlüsselt, welche Art der Komik er in „Biedermann und die Brandstifter" angewandt hat. Aber ist es überhaupt möglich, eine Form allein anzuwenden? Ist es durchführbar, wenn der Sinngehalt der einzelnen Szenen eine entsprechende Unterscheidung dem Dichter aktuell abverlangen? Insgesamt gesehen scheint der Biedermann mehr zur Groteske hin zu tendieren. Hier fällt als Beispiel die Vielfalt der Begegnungen zwischen Biedermann oder seiner Frau mit den Brandstiftern auf, die in teils komischer, teils makabrer Manier perfekt aneinander vorbeireden. Hierzu gehört sicher auch das Nachspiel, das daneben – wie Kabarett – auch den von Frisch zitierten Torpedo Witz enthält, aktuelle Komik, die allerdings nur solange verständlich bleibt, wie auch die Bezüge noch in der Erinnerung leben. Wenn Frisch von Wiedergutmachung und von der Begnadigung aller hohen Uniformierten spricht, wird möglicherweise ein sehr junger Zuschauer keine Ebene mehr für ein Amüsement finden. Wiederum an anderen Stellen ist ein großes Maß an Situationskomik anzutreffen, wenn Aussagen sich selbst Lügen straft, indem auf der Bühne der Tatverlauf das Gegenteil bezeugt.

Ist nun „Biedermann und die Brandstifter" mit seinem respektablen Maß von Komik, Komödiantischem, Groteskem und Witz eine Komödie? Heinz Ischreyts Auslegung nach, daß die Komödie mit dem Ernst ihr Spiel treibe, würde eine solche Einordnung durchaus zutreffend sein. „Die Komödie verlangt die innere und äußere Freiheit," schreibt Ischreyt, „sie verlangt den Blick von oben, einen Schuß Humor. Komik beruht nämlich auf einer Ungereimtheit, auf einem lächerlichen Mißverständnis. Die Ungereimtheit, das Mißverständnis, deutet auf eine Entlarvung hin. Die Maske der gesell-

schaftlichen Konvention wird abgerissen ... Das Aha! des Verstehens geht über ins Hahaha des befreienden Gelächters. Unter diesem Gesichtspunkt entpuppt sich die komische Dramenform, die Komödie, als Entlarvung, Demaskierung. Ihr gehört das Lachen." (Ischreyt, Welt der Literatur, S. 280 f.)
Entlarvend, demaskierend sind Adjektiva, die auf den „Biedermann" geradezu optimal zutreffen. Wenn man die Komödie so versteht wie Ischreyt, ist das Stück durchaus in diese Gattung zu klassifizieren, aber mit der weiterführenden Charakterisierung als Satire, Groteske. Ein Lustspiel ist „Biedermann und die Brandstifter" wohl nicht, auch wenn nach der Lexikonklassifizierung beide Ausdrücke sich dekken. Diese Deutung wäre auch nicht im Sinne von Max Frisch, der da durchaus eine Unterscheidung getroffen hat. Nicht von der Komödie, wohl aber vom Lustspiel finden sich im schon oft zitierten „Tagebuch" folgende erläuternde Zeilen: „Man kann drei Stunden lang lachen, von Witzen geschüttelt, und es ist kein Lustspiel. Witz genügt nicht. Der sogenannte Lacher ist stets ein Beiwerk, nie das Kennzeichen eines Lustspiels. Denkbar wäre eine Heiterkeit ohne jeden Witz, lustvoll-tröstlich, entspringend aus einer unwiderstehlichen Zuversicht, der gegenüber alle Leiden und Leidenschaften, die sich abspielen, unverhältnismäßig werden und insofern komisch. Das Lustspiel, glaube ich, ist nicht eine Frage der Fabel, sondern des Klimas. Es geht nicht ohne die große Zuversicht, ohne ein Gefühl, daß im Grunde doch alles zum Besten bestellt sei und daß die Welt nur ein gutes Ende nehmen kann, ein erlösendes Ende, das ist der fromme Goldgrund, den wir so sehr ersehnen, und ohne ihn gibt es kein wirkliches Lustspiel." (Tagebuch a. a. O., S. 139)
Genau eine konträre Aussage jedoch macht der „Biedermann". Hier ist nichts zum besten bestellt; das Ende ist alles andere als erlösend. Frisch hat recht, wenn er betont, es hänge nicht vom Stoff, sondern von der Atmosphäre des Stückes ab, ob von einem Lustspiel gesprochen werden könne. Das Klima des Stückes ist zwar mancherorts von Komik geprägt, aber nirgendwo befreiend oder erlösend. Fast könnte man von schwarzem Humor sprechen, den Frisch hier hat walten lassen. „Biedermann und die Brandstifter" ist von der Fabel her – im Grunde genommen – ein

Trauerspiel, und in der Atmosphäre ein Pendeln zwischen groteskem Ulk und bissiger, spöttischer Komik. Carol Petersen meint, mit diesem Stück sei Frisch in den Grenzbezirk des Absurden Theaters gelangt. Frisch lasse seinen Leser, entsprechend dem Absurden Theater, das selber keine Lehre geben will, nur in den Zwischenraum von Gut und Böse blicken, wobei er freilich Gefahr laufe, daß viele das Ganze nur als großen Spaß verstünden.

5 Anregungen und Vorschläge für zwei Unterrichtseinheiten*

5.1 Didaktisch-methodische Überlegungen

Stabilität des Ruhms, so lautet der Tenor, der das Œuvre Max Frischs seit mehr als drei Dekaden begleitet. Es ist nicht zuletzt das Verdienst dieses Schweizer Autors, daß die zeitgenössische deutschsprachige Epik und Dramatik nach dem Zweiten Weltkrieg wieder zu internationalem Ansehen gelangte. Bereits zu Lebzeiten in den Rang eines Klassikers der Moderne gehoben, sind seine Werke fester Bestandteil amtlicher Lektüreempfehlungen für die Schule geworden, die Auflagezahlen seiner Bücher haben zum Teil die Millionengrenze überschritten und seit Jahren gilt er als Anwärter des Nobelpreises für Literatur.

Andorra

Anfang der sechziger Jahre festigt dieses Werk den Ruf des Autors als Dramatiker, einem Genre, dem der heute über siebzigjährige Frisch eher ablehnend gegenübersteht: „Das ist für mich eine Sackgasse, es ist kein produktiver Weg mehr."[1]
Der Lehrer, der in seinem Unterricht „Andorra" behandeln will, sieht sich einer Vielzahl germanistischer Arbeiten gegenüber, die den Wandel der Rezeptionsgeschichte dieses Dramas widerspiegeln. Anfangs folgt die Rezeption auf dem Gleis der Vergangenheitsbewältigung und man einigt sich auf ein Unisono kritischen Wohlgefallens. Nachdem, der damaligen historischen Kulturlage folgend, die meisten Bühnen das Drama gespielt haben, läßt das öffentliche Interesse schnell nach und „Andorra" wird nur noch in den Rezeptionsinstitutionen Schule und Hochschule behandelt, meistenteils getreu der Standardinterpretation Enzensbergers aus dem Jahre 1962.[2] Die politisierende Kulturszene der späten sechziger Jahre führt zu einer gewandelten „Andorra"-Rezeption. Die Adepten der marxistischen Lehre messen Frischs Stück an den sakrosankt gesetzten Brechtschen Lehrstücken und be-

* von Martin Thunich
1) Hage, Max Frisch, S. 113
2) Vgl. Enzensberger, Über „Andorra"

finden es wegen weltanschaulicher Indifferenz als zu leicht.[3] Erst Peter Pütz' treffende Beschreibung der Forschungsgeschichte „Andorra — Modell der Mißverständnisse" leitet im Jahr 1975 eine neue Phase der Interpretationen ein. „Andorra" wird aus dem engen Kontext der „Bewältigungsdramatik" gelöst, ohne diese Verständnisfolie jedoch zu leugnen. Hingewiesen wird auf die Tatsache, daß ein „erstaunlich präzises sozialpsychologisches Modell"[4] auf der Bühne vorgeführt wird, dessen begrenzte Tragweite Frisch selbst erkennt. Offensichtlich leidet das Drama unter der Anbindung des allgemeingültigen Identitätsproblems an die letztlich doch zeitlich und lokal fixierte Problematik von Antisemitismus und Fremdenhaß. Unweigerlich werden bei den Zuschauern Assoziationen zum Dritten Reich hervorgerufen, die heute nicht nur unter Schülern Aversionen gegen dieses Stück entstehen lassen. Nicht zuletzt die gutgemeinte pädagogisierende Aufarbeitung der nationalsozialistischen Vergangenheit in den Medien hat bei Schülern einen gewissen Widerstand geweckt, sich auch noch im Literaturunterricht mit diesem Thema zu befassen, über das man vermeintlich schon alles weiß.
Derartigen Vor-Urteilen gegen das Drama ist zu begegnen, indem der sozialpsychologische Modellcharakter „Andorras" in den Mittelpunkt des Unterrichts gestellt und die Problematik eines Menschen erarbeitet wird, der als bares Substrat von Projektionen, die seine Umwelt an ihn heranträgt, scheitert. Die Schüler erkennen hier Parallelen zu ihrer eigenen Lebenswirklichkeit, denn auch an sie werden tagtäglich Erwartungen und Vorstellungen herangetragen, sei es vom Elternhaus, von Freunden oder von der Schule. Nur selten haben die heutigen Jugendlichen noch die Möglichkeit der freien Selbstbestimmung, denn ihnen ist jeder Weg zu einer wirklich eigenen Identitätsfindung durch gesellschaftlich vorproduzierte Bilder versperrt. Selbstverwirklichung gibt es offensichtlich nur noch als Massenartikel und Nischen, die noch nicht besetzt sind, lassen sich kaum noch finden. Schülern, die am Ende der Sekundarstufe I in die entwicklungspsychologische Phase der Identitätsfindung eingetreten sind, hebt dieses Theaterstück die freie Wahl der Lebensgestaltung als unverzicht-

3) Vgl. Demetz, Die süße Anarchie, S. 135-150; Biedermann, Das Politische Theater, S. 53-93, 154-156, 159 f

4) Schmitz, Nachbemerkung (1984). In: Schmitz/Wendt, Frischs „Andorra", S. 285

baren Bestandteil der Menschenwürde ins Bewußtsein. Damit leistet „Andorra" einen Beitrag zur Stabilisierung psychischer Prozesse, die man unter dem Begriff „Identitätsfindung" subsumieren kann, und zeigt den Schülern die Notwendigkeit, das eigene Leben bewußt zu gestalten.
Nicht nur individuell-persönliche Aspekte sprechen für eine Behandlung „Andorras" im Unterricht der Sekundarstufe I, sondern auch die Aufarbeitung des gesamtgesellschaftlichen Phänomens der Vorurteilsbildung. Hierbei ist nicht nur an die historische Problematik der Judenverfolgung oder an das aktuelle Thema der ausländischen Mitbürger zu denken, sondern auch an das Verhalten der Jugendlichen selbst, die häufig in ihrem persönlichen Bereich dazu neigen, Mitmenschen in Rollen zu drängen. Frischs Theaterstück leistet einen Beitrag, Menschen unvoreingenommen zu begegnen und sie so besser zu verstehen. Die Schüler werden angehalten, auch anderen die freie Entfaltung der Persönlichkeit zuzugestehen, ein Konstituens der humanen und toleranten Gesellschaft.
Jedes historische Werk, das in der Schule oder außerhalb dieser Institution gelesen wird, gewinnt Bedeutung „zunächst für den Deutenden selber, bevor die Bedeutung im Rahmen der Entstehungszeit gewonnen werden kann. Der erste Bezugsrahmen für das Verständnis eines literarischen Werkes ist der Horizont des Interpreten und erst der zweite ist der seiner historischen Einbettung."[5] Bereits vor der eigentlichen Interpretationsarbeit in der Rezeptionsinstitution Schule haben sich die Schüler ein Vor-Urteil über das zu behandelnde Werk gebildet. Umgesetzt in die Sprache der Hermeneutik heißt dies, „daß der subtilitas intelligendi (dem Verstehen) und der subtilitas explicandi (dem Auslegen) nicht ein drittes: subtilitas applicandi (das Anwenden) hinzugefügt wird, sondern das dritte bestimmt die beiden anderen Auslegungsakte."[6] Ist demnach ein Werk bei der vorbereitenden häuslichen Lektüre durchgefallen oder hat sich eine einseitige Interpretation stabilisiert, so wirkt dies als Hemmschuh für die unterrichtliche Erarbeitung, denn eine einmal gewonnene Überzeugung ist im Unterricht nur sehr schwer zu revidieren.[7] Ein weiterer bestimmender Zug der Literaturrezeption nicht-professioneller Leser ist die Neigung zu trivialen Aktualisierungen, die

5) Müller-Michaels, Entfaltung des Verstehens, S. 85
6) Ebd.
7) Vgl. Eggert, Literaturrezeption, S. 277

eigene Interpretationsversuche stabilisieren oder labilisieren.[8]
Bezogen auf „Andorra“ bedeuten diese Überlegungen, daß angesichts der vielfach konstatierten Abneigung der Schüler, sich auch noch im Deutschunterricht mit dem Antisemitismus auseinanderzusetzen, die Primärrezeption auf die in diesem Drama dargestellte sozialpsychologische Problematik auszurichten ist. Dabei wird der Aspekt, „Andorra“ als Bewältigungsdrama zu interpretieren, nicht vernachlässigt, sondern an einem späteren Punkt der Reihe nachgeholt. Konsequenz dieser Überlegung ist der Vorschlag, vor Beginn der häuslichen Dramenlektüre Bertolt Brechts Keuner-Geschichte „Wenn Herr K. einen Menschen liebte“ zu behandeln, um die Thematik der frei zu bestimmenden Identität ins Bewußtsein der Schüler zu heben. Nachdem in der ersten Phase so der Verstehenshorizont der nicht-professionellen Leser eröffnet und Neugierde auf das Werk geweckt worden ist, erfolgt die häusliche Lektüre des Stückes, die durchaus in drei bis vier Tagen zu leisten ist. In der zweiten Phase der Unterrichtssequenz eignen sich die Schüler den Text unter folgenden Problemstellungen an: Struktur, dramatis personae, Funktion der Vordergrundszenen, sowie Sprache und Symbolgehalt. Die Präsentation einer Theaterkritik aus dem Jahre 1961 kennzeichnet die dritte Phase der unterrichtlichen Erarbeitung. Eine Kritik oder Rezension „legt die Bedeutung fest, die ein literarisches Werk für den einzelnen Leser haben soll. Die Analyse literarischer Kritik vermittelt Einsichten in die literarischen Wertvorstellungen einer Gesellschaft und hilft, den eigenen Standort zu formulieren. Die Geschichte der literarischen Kritik deckt nicht nur wesentliche Teile der Rezeptionsgeschichte auf, sondern belegt auch die gegenwärtigen häufig mit normativem Anspruch auftretenden Positionen als veränderbare.“[9] Diese Phase, die das Werk im Geflecht der Wechselwirkung zwischen Kunstwerk mit historisch veränderbarer Rezeption zeigt, ist als Kontextuierung zu bezeichnen.[10] So vorbereitet, gilt es in der abschließenden vierten Phase, Interferenzen aus den Wirkungslinien des Textes und den Interessenlinien der Leser entstehen zu lassen und auf diese Weise

8) Vgl. ebd., S. 278
9) Müller-Michaels, Literatur, S. 32
10) Vgl. Fingerhut, Text-Kontext-Rezeption, S. 115

zu einer Revision oder Stabilisierung der Erstleseeindrücke zu gelangen.
Am Ende der Unterrichtseinheit ist als Mindestwissen zu fordern, daß die Schüler „Andorra“ als Tragödie eines durch gesellschaftliche Implikationen gescheiterten Lebensentwurfs erkennen und in dem Drama die Behandlung der nie endenden Aktualität des Konflikts zwischen Vor-Urteil und Wahrheit aufzeigen und es so über die zeitlich einengende Klassifizierung als „Bewältigungsdrama“ hinausheben.

Biedermann und die Brandstifter

Max Frischs „Lehrstück ohne Lehre“ zählt seit der Uraufführung im Jahre 1958 in Zürich zu den erfolgreichsten deutschsprachigen Theaterstücken der Gegenwart. Dem allein nicht abendfüllenden Stück fügt der Autor anläßlich der deutschen Uraufführung in Frankfurt ein „Nachspiel“ hinzu, das er jedoch später wieder zurückzieht. Da dieses „Nachspiel“ die Allgemeingültigkeit der Parabel stark verkürzt, beschränkt sich die schulische Behandlung des Schauspiels auf den Text, den das Taschenbuch des Suhrkamp-Verlages bietet.
Die offene Parabel, die sich jeder eindeutigen didaktischen und politischen Festlegung entzieht, provoziert seit ihrer Erstveröffentlichung zahlreiche Versuche, sie mit konkreter Zeitgeschichte aufzufüllen. Bei derartiger Deutung wird der Schwerpunkt je nach politischem Standort des Interpreten entweder auf die Umstände der nationalsozialistischen Machtergreifung in Deutschland gelegt[11] oder auf den kommunistischen Umsturz in der Tschechoslowakei im Jahre 1948.[12] Weniger enge Interpretationen betonen den offenen Parabelcharakter, der sich eindeutiger politischer Festlegung entzöge. Sie verweisen auf die vielfältige Anwendbarkeit dieses Modells politischen Wohlverhaltens, das die bürgerliche Welt des Herrn Biedermann im Augenblick der Gefahr versagen läßt.[13] Befreit wird damit das Werk aus einer engen histori-

11) Vor allem Kritiker in der DDR in den späten fünfziger und frühen sechziger Jahren, so z. B. Dieter Kranz: Im Herzen die Alten. In: Steinbach, Materialien „Biedermann“, S. 21

12) Vgl. Friedrich Torberg: Biedermann und die Brandstifter (1958/1966). In: Schmitz, Materialien „Biedermann“, S. 96-98

13) Vgl. Herms, Biedermann, bes. S. 230 f; Karasek, Max Frisch, S. 66-76, 101-104

schen Horizontzuweisung und ihm wird eine Allgemeingültigkeit zugesprochen, die eine Behandlung im Unterricht rechtfertigt.
Nicht minder relevant ist ein zweiter Interpretationsstrang.[14] Biedermann bedient sich zur Verschleierung seiner Unaufrichtigkeit und Feigheit Wortgebärden, die unaufhörlich „auf die verlorene Identität von Wort und Welt"[15] hinweisen, eine Erfahrung, die erstmals in Hugo von Hofmannsthals berühmten Chandos-Brief thematisiert ist. Wenn Frisch über sein Stück urteilt, es sei radikal undramatisch, handle es sich doch um einen gradlinigen Verlauf ohne jedes Gegenereignis, so ist zu ergänzen: „Ereignis und Gegenereignis liegen in der Sprache: in der Maskierung und Demaskierung des Wortes."[16] Jede Wortgebärde Biedermanns wird im Lauf des Stückes früher oder später in Frage gestellt und er ist den Brandstiftern hilflos ausgeliefert, als diese ihn beim Wort nehmen. Dieses „Konversationsstück ist nah um eine Aufhebung der Sprache herumgedacht. Der Held des Stücks — Schweigen. Schweigen als der Ort, von dem aus (allenfalls) mit einiger Vorsicht und Sorgfalt die Identität zwischen Wort und Welt wieder herzustellen wäre."[17]
Auf der Suche nach neuen Bindungen und Formen des Zusammenlebens richtet sich das Interesse der Jugendlichen am Ende der Sekundarstufe I in verstärktem Maße auf die Auseinandersetzung mit ihrer soziokulturellen Umwelt, mit bestehenden gesellschaftlichen Institutionen, Normen und Wertvorstellungen. Frischs „Biedermann und die Brandstifter" zeigt ihnen, wie Feigheit, Verlogenheit und Blindheit gegenüber der Realität in die Katastrophe münden. Das Stück entlarvt die polyvalente Geisteshaltung mangelnder Zivilcourage und Bequemlichkeit, die auf machtpolitischer Ebene der Technik des Totalitarismus zum Erfolg verhilft, unter umweltpolitischem Aspekt einer weiteren Zerstörung der Natur träge zusieht und im Hinblick auf den persönlichen Bereich dem weiteren Umsichgreifen elektronischer Medien und computermäßiger Verdatung hilflos gegenübersteht. Das Stück pran-

14) Vgl. Weber, Zu Frischs „Biedermann". In: Schmitz, Materialien „Biedermann", S. 163-166; Bauer Pickar, „Biedermann". In: Schmitz, Materialien „Biedermann", S. 167-178
15) Weber, Zu Frischs „Biedermann", S. 164
16) Ebd., S. 166
17) Ebd.

gert die menschliche Neigung an, eine unbequeme Wahrheit nicht zu glauben oder zu ignorieren, statt sich mit ihr auseinanderzusetzen, auch wenn dies mit momentanen Unannehmlichkeiten verbunden ist. Dieses „Lehrstück ohne Lehre" führt den Schülern eindringlich die Notwendigkeit vor Augen, verantwortungsbewußt an der Ausgestaltung von Staat und Gesellschaft mitzuwirken.

Wirklichkeit macht sich der Mensch durch Sprache zueigen; er benutzt sie, um sich zu verständigen, Informationen zu gewinnen und um zu Erkenntnissen zu gelangen. Sprache besitzt somit im gegenwärtigen und zukünftigen Leben der Schüler eine große Bedeutung. Diesem hohen Stellenwert stehen häufig Gleichgültigkeit in sprachlichen Belangen und mangelnde Sprachkompetenz gegenüber. „Biedermann und die Brandstifter" zeigt den Protagonisten als Gefangenen seiner Sprache, mittels derer er nicht darstellen, sondern lediglich verstellen will. Indem die Brandstifter ihn beim Wort nehmen, entlarven sie die Inkongruenz zwischen Biedermanns Phraseologie und Praxis. Sprache als Mittel zur Verschleierung zu benutzen, ist auch den Schülern der Sekundarstufe I aus ihrer Erfahrungsumwelt hinlänglich bekannt, so daß sich der Hinweis auf Manipulation z. B. in Werbung und politischen Verlautbarungen nahezu erübrigt. Auch sie selbst benutzen in ihrem täglichen Sprachgebrauch Floskeln, deren Unverbindlichkeit sie stillschweigend unterstellen. Die Behandlung dieses Stückes liefert Anregungen, Sprachgebrauch bei sich selbst und anderen kritisch zu untersuchen, und trägt dazu bei, den Anforderungen alltäglicher Sprach- und Schreibsituationen in höherem Maße gerecht zu werden.

Ist es die Thematik des Antisemitismus und Fremdenhasses, die „Andorra" bei der häuslichen Lektüre der Gefahr einer platten Aktualisierung und des Desinteresses aussetzt, so gewährleistet die Offenheit der Parabel und die leicht verständliche Komik des „Biedermann"-Schauspiels eine wohlwollende Aufnahme von seiten der Schüler. Da die Leser bereits bei der Erstlektüre, die in wenigen Tagen von Schülern geleistet werden kann, den Text aus ihrer gegenwärtigen Situation heraus erklären, soll dieser Vorgang auch in das Bewußtsein der Schüler gehoben werden. Daher erfolgt zu Beginn der Sequenz eine erste vorläufige Hypothesenbildung zur Intention des Stücks. Die Ergebnisse werden gesichert, damit ein Rekurs am Ende der Sequenz möglich ist. Das Programm für die

Behandlung des Werks im Unterricht gestaltet die Lerngruppe weitgehend selbständig. Die einzelnen Programmpunkte ergeben sich dabei während des Unterrichtsgesprächs über die Erstleseeindrücke, müssen aber auf der Sekundarstufe I vom Unterrichtenden strukturiert werden, um in eine Programmaufstellung zu münden. Es ist das Moment der Selbsttätigkeit und Selbstbestimmung, das einen hohen Motivationsgehalt besitzt und weiteres Interesse der Schüler an der Erarbeitung sichert. An diese erste Phase, in der der Verstehenshorizont der Schüler eröffnet wird, schließt sich die Phase der Textanalyse an, in der, dem Prinzip der Werkimmanenz folgend, strukturelle und inhaltliche Probleme des Textes geklärt werden. Zunächst erfolgt die Analyse der ersten Szene unter dem Aspekt des dargestellten Menschentypus; anschließend wird die Sprachstrategie der Brandstifter untersucht. Handlungsstrukturelle Gesichtspunkte rücken unter der Fragestellung der Machtübernahme im Hause Biedermann in das Zentrum des Unterrichts, bevor diese Phase mit der Analyse des Chors beendet wird. Die Kontextuierung als dritte Phase erfolgt mittels einer Kritik aus dem Jahre 1961, die die vielfache Anwendbarkeit der Parabel thematisiert und so eine Überleitung zur vierten Phase ermöglicht, in der die Interferenz aus den Wirkungslinien des Textes und den Interessenlinien der Schüler explizit hergestellt wird. Es zeigt sich, daß „Biedermann und die Brandstifter" über den Horizont seiner Zeit hinausreicht und die Mühe der „Sinn-Zuweisungs-Arbeit"[18] rechtfertigt. Die Schüler können jetzt die anfangs aufgestellten Hypothesen zur Intention des Werks begründet stabilisieren oder revidieren und treten somit nochmals bewußt aus ihrem eigenen Erfahrungshorizont in einen Dialog mit dem Horizont des Textes.
Am Ende der Behandlung des „Biedermann"-Stücks sollen die Schüler anhand von Textbelegen zum einen aufzeigen können, daß die Konsequenz aus Feigheit, Egoismus und Borniertheit eines Bürgers angesichts einer ihn bedrohenden Realität dargestellt wird, zum anderen, daß in diesem Theaterstück die Diskrepanz zwischen Wort und Wirklichkeit konsequent zu Ende gedacht ist und in die Katastrophe mündet.
Die Unterrichtsskizzen gehen von der Dominanz der Methoden des freien oder entwickelnden Unterrichtsgesprächs aus,

18) Müller-Michaels, Entfaltung des Verstehens, S. 85

wobei die Problemlösungen von den Schülern weitgehend selbständig erarbeitet werden. Der Unterrichtende fungiert dabei als Helfer im problembewältigenden Denk-Lern-Prozeß. Nicht selten soll er Antworten auf Fragen verweigern und Fragen an die Lerngruppe zurückgeben; er scheut nicht davor zurück, die Schüler Irrwege gehen zu lassen, allerdings nur so weit, daß die Betreffenden nicht die Lust am Problemlöseprozeß verlieren, weil sie völlig ratlos und frustriert sind. Gegebenenfalls sind während der Unterrichtsstunde Standortbestimmungen vorzunehmen, um der gesamten Lerngruppe das bisher Erreichte ins Bewußtsein zu heben und so eine Angleichung des Informationsstandes für das weitere Unterrichtsgespräch zu schaffen. Das kann geboten erscheinen, wenn zum Beispiel der Eindruck entsteht, daß die leistungsstarken Schüler in ihrer Argumentation so schnell fortschreiten, daß die leistungsschwächeren nicht mehr folgen können und sich aus dem Denk-Lern-Prozeß zurückziehen. Diesem Lehrerverhalten des minimalen Dirigismus korrespondiert auf seiten der Schüler die sogenannte „aktive Initiative" (Robert Sears), das heißt das mehr selbständige Entdecken des Lösungsweges durch die Problemlösenden.

Für den Verlauf der einzelnen Stunde wird eine Dreiteilung vorgeschlagen. Nach dem Einstiegsimpuls führt ein freies Unterrichtsgespräch zur Problemfindung und -orientierung. Im Zentrum der Unterrichtsstunde steht eine Erarbeitungsphase, in der in der Regel das entwickelnde Unterrichtsgespräch dominiert. Am Ende der Stunde erfolgt eine Problematisierung des Erarbeiteten oder lediglich eine Wiederholung des Argumentationsverlaufs der Stunde, um die Ergebnisse allen Schülern ins Bewußtsein zu heben.

Die methodische Alternative von Gruppenarbeit oder Schülerreferaten, zum Beispiel zur Biographie Max Frischs, zur nationalsozialistischen Machtergreifung, zu den Pogromen gegen die Juden, zum kommunistischen Umsturz in der Tschechoslowakei 1948, kann bei entsprechender Qualifikation der Lerngruppe eine sinnvolle Ergänzung der Behandlung im Unterricht sein.

Als Textgrundlage werden die beiden Suhrkamp-Taschenbücher vorgeschlagen: Max Frisch, „Andorra", suhrkamp taschenbuch 277 und „Biedermann und die Brandstifter", edition suhrkamp 41. Obwohl beide Stücke als Schallplatten- und Tonbandaufnahmen vorliegen, wird auf eine Verwendung im

Unterricht verzichtet, da für die Erarbeitung der vorgeschlagenen Problemfelder eine Präsentation funktionslos ist und es sich allenfalls um einen kurzfristigen Motivationsschub handeln würde.
Konzipiert sind die folgenden Unterrichtsskizzen für den Unterricht am Ende der Sekundarstufe I. Aufgezeigt werden jeweils einzelne Problemfelder, deren Umsetzung in eine spezielle Unterrichtsstunde der pädagogischen Kompetenz des Unterrichtenden obliegt, der seine Feinplanung je nach soziokultureller und anthropogener Disposition seiner Lerngruppe ausrichtet. Die vorangestellten Lernziele dienen dabei als Orientierungshilfe für Inhalt und Verlauf des Unterrichts.

5.2 Verlaufsskizze: Andorra

5.2.1 Bertolt Brecht: Wenn Herr K. einen Menschen liebte

5.2.1.1 Lernziele

Entwicklung der Bereitschaft und Fähigkeit
— den Wunsch, das zukünftige Verhalten eines Menschen zu verändern, als Motivation für das Erstellen eines Entwurfs herauszuarbeiten
— die Bedingungen, unter denen das Erstellen eines derartigen Entwurfs ein positiv zu bewertender Akt der Liebe ist, aufzuzeigen
— die Problematik der Freiheit zur Selbstbestimmung bei der Verpflichtung eines Menschen auf einen Entwurf zu ermitteln
— die Möglichkeit der freien Persönlichkeitsentfaltung als ein Konstituens der Liebe zu erarbeiten

5.2.1.2 Unterrichtsinhalte

Zu Beginn der Unterrichtsstunde erfolgt die Präsentation der Keuner-Geschichte „Wenn Herr K. einen Menschen liebte“ durch den Lehrer:

„Was tun Sie", wurde Herr K. gefragt, „wenn Sie einen Menschen lieben?" „Ich mache einen Entwurf von ihm", sagte Herr K., „und sorge, daß er ihm ähnlich wird." „Wer? Der Entwurf?" „Nein", sagte Herr K., „Der Mensch."

Den Schülern wird Gelegenheit gegeben, sich der Problematik dieses Textes im freien Unterrichtsgespräch zu nähern. Nach einer zu erwartenden Phase anfänglicher Ratlosigkeit wird sich als dominanter Interpretationsansatz herauskristallisieren, Herr K. sei ein bevormundender Mensch, der nicht wirklich liebe, da die Schüler in dieser Phase des Unterrichts den vom Autor intendierten Gedankenprozeß noch nicht vollständig erfassen.
Zur Verdeutlichung des Terminus „Entwurf" werden die Schüler zunächst aufgefordert, Gegenstände zu nennen, von denen man sich einen Entwurf anfertigt, ferner sollen sie überlegen, zu welchem Zweck derartiges unternommen wird. Im Gespräch finden die Schüler die korrespondierenden Begriffe „Plan", „Idee", „Gedanke" und ermitteln, daß ein Entwurf auf etwas Zukünftiges, das als veränderbar angesehen wird, gerichtet ist. Offensichtlich will Herr K. auch den Menschen, den er liebt, erziehen, verändern, beeinflussen. Unabdingbare Voraussetzung für K.s Liebestat ist das genaue Beobachten des Verhaltens und die exakte Kenntnis der Lebensumstände des Menschen, um daran anknüpfend einen Entwurf zu präsentieren, der Verhaltensregeln enthält, die positive Folgen für das Leben des geliebten Menschen zeitigen. Zu erarbeiten sind ebenfalls die Gefahren, die daraus entstehen können, wenn jemand den Anspruch erhebt, über einen anderen zu verfügen. Demgegenüber unterstellt K.s Gesprächspartner, ein Entwurf sei das erstarrte Abbild eines Menschen, ähnlich einem Klischee oder Vor-Urteil. Je mehr die Individualität eines Menschen respektiert werde, desto originalgetreuer und dem Menschen gemäßer sei der Entwurf. Veränderungen, auch negativer Eigenschaften oder nachteiliger Verhaltensweisen, sind dabei nicht intendiert.

Vorschlag eines Tafelbildes

Entwurf

Herr K.	**Gesprächspartner** vom Menschen
= Plan Gedanke Idee Modell für Menschen	= Abbild Klischee Bildnis Vor-Urteil
↓	↓
Veränderung beabsichtigt	Festlegung beabsichtigt

In der Problematisierungsphase werden die Schüler aufgefordert, sich dazu zu äußern, wie sie in einer Liebesbeziehung von ihrem Partner behandelt werden wollte. Dabei ist vom Unterrichtenden darauf zu achten, daß in dem anschließenden möglichst frei gestalteten Unterrichtsgespräch die Vor- und Nachteile beider Positionen nochmals wiederholend genannt werden.
Hausaufgabe ist die Lektüre des Dramas „Andorra".

5.2.2 Annäherung an Inhalt und Struktur des Stückes

5.2.2.1 Lernziele

Entwicklung der Bereitschaft und Fähigkeit

- die aufgrund der Erstlektüre gewonnene Wertschätzung oder Ablehnung des Stückes zu formulieren
- Problemfelder für die weitere Untersuchung abzustecken
- die Fabel des Dramas zu erstellen
- anhand einer Strukturskizze die zwei Zeitebenen aufzuzeigen

5.2.2.2 Unterrichtsinhalte

Eröffnet wird die Bearbeitung des Dramas im Unterricht mit einer freien Phase, während der die Schüler spontan und ohne Wertung durch den Lehrer ihre Erstleseeindrücke verbalisieren. Hierbei ergeben sich in der Regel bereits Interessenschwerpunkte und Problemkreise, die bei der weiteren unterrichtlichen Bearbeitung aufzugreifen sind. Minderheitsbegehren sollen jedoch, sofern sie sich nicht problemlos integrieren lassen, an dieser Stelle begründet zurückgewiesen werden. Dieses erste Gespräch schließt die Phase der Eröffnung des Verstehenshorizonts ab.
Um zu gewährleisten, daß alle Schüler ein Mindestwissen an Textkenntnis in den Unterricht einbringen, erfolgt zunächst eine Auflistung des Inhalts der einzelnen Bilder an der Wandtafel. Die Lerngruppe wird so veranlaßt, den Inhalt der betreffenden Szenen mit eigenen Worten wiederzugeben. Darüber hinaus dient dieses Tafelbild zur Visualisierung der im Drama vorhandenen zwei Zeitebenen: die in der Vergangenheit liegende Bühnenhandlung und die als gegenwärtig vorzustellende Vordergrundhandlung. Möglich ist an dieser Stelle ein Rekurs auf das klassische fünfaktige Drama, um eine Gliederung der zwölf Bilder vornehmen zu können.

Vorschlag einer Tafelskizze

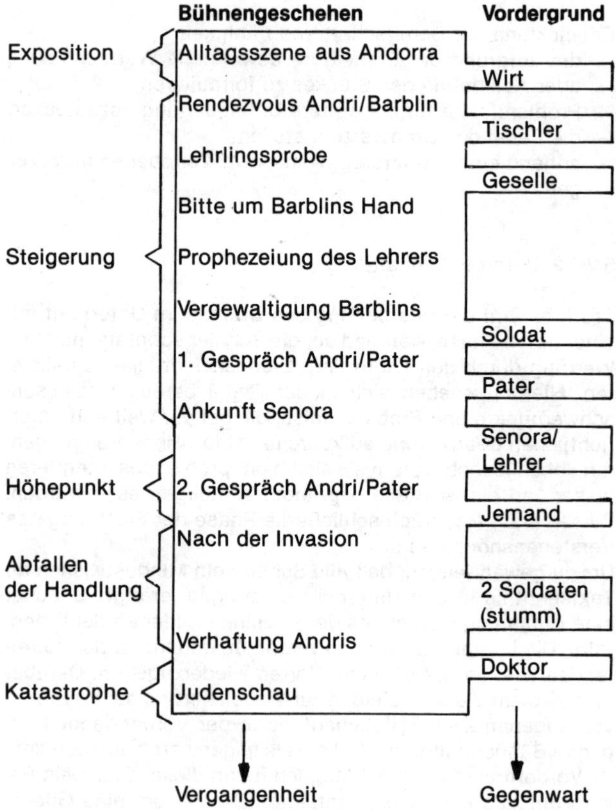

Der Arbeitsauftrag, die Fabel des Bühnengeschehens zu erstellen, kann als Hausaufgabe, aber auch als Still- oder Gruppenarbeit gestellt werden. Er verlangt von den Schülern, sich vom Wortlaut der Textvorlage zu lösen und hebt ihnen nochmals das gesamte Geschehen ins Bewußtsein. Folgendes Ergebnis ist zu erwarten: Ein andorranisches Findelkind wird von jedermann für einen Juden gehalten. Überall erwartet den Heranwachsenden das Vor-Urteil vom Juden, das er schließlich akzeptiert. Erst nach seinem grausamen Tod erweist sich die Wahrheit, daß er wie alle anderen kein Jude ist.

5.2.3 Die Wirkung des Bildnisses auf Andri

5.2.3.1 Lernziele

Entwicklung der Bereitschaft und Fähigkeit
- die Auto- und Heterostereotype der Andorraner zu ermitteln
- die permanente Konfrontation mit einem Heterostereotyp als eine Unterdrückung der Identitätsbildung zu interpretieren
- herauszuarbeiten, daß die Annahme des Heterostereotyps Andris Selbstentfremdung bedingt und in die Ausbildung einer Pseudo-Identität mündet

5.2.3.2 Unterrichtsinhalte

Dieses Problemfeld ist durch eine Hausaufgabe vorzubereiten, in der die Schüler Aussagen der Andorraner über sich selbst und über Juden sammeln. Die Ergebnisse werden verglichen und in diesem Zusammenhang führt der Unterrichtende die gruppensoziologische Unterscheidung „Autostereotyp“ und „Heterostereotyp“ ein: „Eine wichtige Voraussetzung für die Unifikation und die Ausbildung eines Autostereotyps der Wir-Gruppe scheint das Bestehen einer Die-Gruppe zu sein, von der man sich abzusetzen bestrebt ist. Dies geschieht im Zuge der Festlegung eines Heterostereotyps für die entsprechende Die-Gruppe. Autostereotype und Heterostereotype lassen sich wohl immer nur in gegenseitigem Bezug aufeinander sehen. Charakterisiert man sich selbst, so definiert man implizit auch schon einen Eigenschaftsbestand, der den anderen im allgemeinen — oder bestimmten anderen in einer Die-Gruppe — nicht zukommt. Eine Burschenschaft, die sich z. B. ‚Ehre — Freiheit — Vaterland' zum Wahlspruch erkoren hat, stellt damit indirekt die Behauptung auf, es gäbe akademische Bürger, die Ehre, Freiheit und Vaterland nicht als verbindliche Werte anerkennen. Sie muß also, um ihr Autostereotyp im Sinne dieser Wertetrias fixieren zu können, früher oder später das Heterostereotyp mindestens einer anderen Gruppe so festlegen, daß in ihm für Ehre, Freiheit und Vaterland kein Platz bleibt. Das Verfahren erscheint mir nicht ganz unbedenklich."[19]

Der Impuls, die Andorraner bezeichneten Andri als typischen Juden, initiiert die Kontrastierung des Heterostereotyps mit den tatsächlichen Wünschen und dem Verhalten Andris. Es zeigt sich, daß Andri gerne Fußball spielt, Heiratspläne schmiedet, Geld für Vergnügen ausgibt und den Tischlerberuf erlernen möchte, somit dem Heterostereotyp in keiner Weise entspricht. Die Problematik einer ständigen Konfrontation mit Vor-Urteilen rückt in den Mittelpunkt des Gesprächs und ist am Beispiel Andris aufzuzeigen, der zunächst noch von Selbstzweifeln gequält wird: „Ob's wahr ist, was die andern sagen?"[20], „Man soll nicht immer an sich selbst denken, ich weiß. Aber ich kann nicht anders, Hochwürden, es ist so. Immer muß ich denken, ob's wahr ist, was die andern von mir sagen..."[21] Schließlich gibt Andri seinen Widerstand auf und adaptiert die an ihn herangetragene Rolle. Dies ist der Inhalt des zweiten Gesprächs zwischen Andri und dem Pater, das die Schüler in Stillarbeit unter der Fragestellung analysieren, warum sich Andri weigert, die Wahrheit freudig anzunehmen. Im Gegensatz zum ersten Gespräch, in dem Andri die Jud-Rolle zurückgewiesen hat, entgegnet ein scheinbar stolzer und selbstsicherer Andri dem Pfarrer, es sei nun an den Andorranern, „ihren Juden" anzunehmen. Die Adaption der Jud-Rolle ist so vollständig, daß sie sich auch an der Sprache zu Beginn des Dialogs aufzeigen läßt. Andris Ausführungen, die permanente Konfrontation mit dem Heterostereotyp habe seine Verhaltensmodifikation ausgelöst, entsprechen gruppen-

19) Hofstätter, Gruppendynamik, S. 115
20) Frisch, Andorra, S. 25
21) Ebd., S. 60

soziologischen Erkenntnissen: „Ganz allgemein dürfte sich sagen lassen, daß das Selbstbild eines Individuums in einem Interdependenzverhältnis zu den Bildern steht, die sich andere von ihm machen. Darin liegt ja z. T. das Wesen der sozialen Bestätigung... Man sieht sich selbst stets ein wenig so, wie man gesehen wird...[22] Offensichtlich wird in diesem Gespräch auch ein weiterer Aspekt, Andris zutiefst pessimistische Weltsicht, die die Existenz eines gnadespendenden Gottes leugnet: „Aber mir graut vor dem Sterben. Es gibt keine Gnade — ... Gnade ist ein ewiges Gerücht."[23]
Die Diskussion der Weigerung Andris, die von Can angedeutete Fluchtmöglichkeit wahrzunehmen, führt zu einer abschließenden Problematisierung der von Andri angenommenen neuen Identität. Zum einen erstarrt er zu einem „Bild", zum anderen drängt er die anderen, vor allem Can, in die Rolle seiner Mörder. Diese Einsicht führt bei den Schülern dazu, Andri nicht uneingeschränkt positiv als tragischen Helden zu interpretieren. Alternativ zu dieser Problematisierung kann die These präsentiert werden, Freiheit bedeute für Frisch immer Freiheit der Wahl.[24] Bei der Interpretation und Applikation auf das Drama erkennen die Schüler, daß diese Freiheit Andri genommen ist. Er kann sich nicht frei für eine Identität entscheiden, mithin liegt eine tiefe Verletzung der Menschenwürde vor.

5.2.4 Can — der andorranische Lehrer

5.2.4.1 Lernziele

Entwicklung der Bereitschaft und Fähigkeit
- den Widerspruch im Charakter des Lehrers Can aufzudecken
- Inzest und Invasion als äußere Anlässe für Can zu ermitteln, die Wahrheit über seinen Sohn zu gestehen
- Frischs These, Kultur ohne Verantwortung sei sittliche Schizophrenie auf den Lehrer anzuwenden

22) Hofstätter, Gruppendynamik, S. 121
23) Frisch, Andorra, S. 87 f
24) Vgl. Lüthi, Max Frisch, S. 44

5.2.4.2 Unterrichtsinhalte

Der Tafelanschrieb: „Can — ein Andorraner“ besitzt starken Aufforderungscharakter, so daß den Schülern zunächst Gelegenheit gegeben werden soll, sich in einem freien Unterrichtsgespräch spontan zu äußern. Die dominierenden Interpretationspunkte gilt es, am Text zu vertiefen. So wird Can zum einen als Idealist und Wahrheitsfanatiker charakterisiert, der um die falschen Kollektivvorstellungen seiner Landsleute weiß und sie bekämpft: „Er hat von sich reden gemacht damals, ein junger Lehrer, der die Schulbücher zerreißt, er wollte andre haben, und als er dann doch keine andern bekam, da hat er die andorranischen Kinder gelehrt, Seite um Seite mit einem schönen Rotstift anzustreichen, was in den andorranischen Schulbüchern nicht wahr ist.“[25] Zum anderen ist aufzuzeigen, daß auch er Züge der Andorraner aufweist, wenn er seinen Sohn aus Feigheit verleugnet. Hier gilt es aber weiter zu differenzieren, wenn die Senora erklärt: „Du hast mich gehaßt, weil ich feige war, als das Kind kam. Weil ich Angst hatte vor meinen Leuten. Als du an die Grenze kamst, sagtest du, es sei ein Judenkind, das du gerettet hast vor uns. Warum? Weil auch du feige warst, als du wieder nach Hause kamst. Weil auch du Angst hattest vor deinen Leuten. War es nicht so? Vielleicht wolltest du zeigen, daß ihr so ganz anders seid als wir.“[26] Die hier angedeutete Entschuldigung für Cans Verhalten ist zu diskutieren. Demgegenüber kann als Beleg für seine Feigheit gewertet werden, daß erst ein Anstoß von außen ihn bewegt, die Wahrheit preiszugeben: Erst als der Inzest droht, bittet er den Pater, Andri die Wahrheit zu sagen; erst als nach der Invasion Andris Leben unmittelbar in Gefahr ist, bekennt er sich öffentlich. Der Hinweis auf Cans Einsicht, die Lüge sei ein Egel, der die Wahrheit aussaugte, zeigt, daß Can die Ausweglosigkeit seiner Situation erkannt hat und sein Alkoholabusus offenbart sich als Verdrängungsversuch. Während des Unterrichtsgesprächs entsteht ein Tafelbild, das die wesentlichen Strukturen von Cans Persönlichkeit zeigt:

25) Frisch, Andorra, S. 38
26) Ebd., S. 77 f

Vorschlag eines Tafelbildes

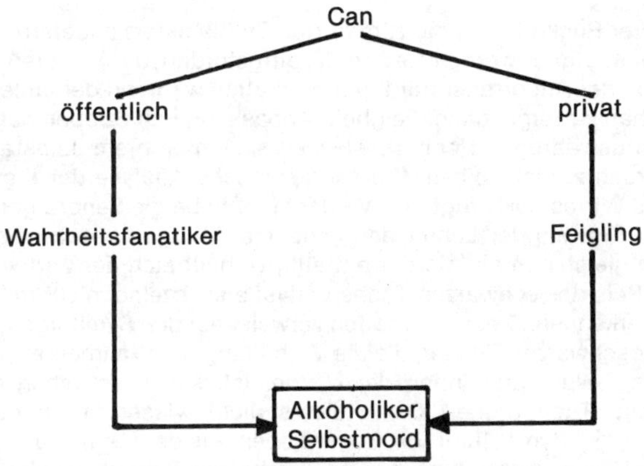

Den Argumentationsgang der Stunde wiederholen die Schüler, indem sie Frischs These: „Kultur ohne Verantwortung ist sittliche Schizophrenie" auf Cans Verhalten und Schicksal applizieren. „Der Lehrer, der von der anderen Welt der Wahrheit weiß und trotzdem die Lüge vom angenommenen Judenknaben in Andorra in Umlauf bringt, ist in diesem schizophrenen Zustande; es ist ein Zustand völliger Selbst-Entfremdung, den er aus Angst vor der Gesellschaft und ihren Bildnissen selbst verschuldet hat und das auch weiß."[27)]

5.2.5 Der Symbolgehalt des Stückes

5.2.5.1 Lernziele

Entwicklung der Bereitschaft und Fähigkeit
- das Verhalten der Andorraner während der Judenschau zu ermitteln
- den Wirt als Mörder der Senora zu entlarven
- die verwendete Symbolik zu erläutern

27) Lüthi, Max Frisch, S. 43

5.2.5.2 Unterrichtsinhalte

Unter Rückgriff auf die zum dritten Problemkreis angefertigte Hausaufgabe werden die Schüler aufgefordert, die Autostereotype der Andorraner mit ihrem Verhalten während der Judenschau zu vergleichen. Feigheit, Anpassung und Streben nach Statuswahrung offenbart, wie weit sie hinter ihrem Selbstanspruch zurückbleiben. Die exemplarische Analyse der Figur des Wirtes bekräftigt den Verdacht, er habe die Senora getötet. Erst als der Lehrer den scheinbar Mutigen beschuldigt, ihn gleichsam als Mörder enthüllt, verhüllt sich der Wirt vermittels des schwarzen Tuchs und ist als einzelner nicht mehr zu erkennen. Dieses Verhalten verweist auf den Symbolgehalt der schwarzen Tücher, die die Verhüllung der Wahrheit anzeigen: „Wer unter ihnen der Mörder ist, sie untersuchen es nicht. Tuch drüber! Sie wollen's nicht wissen. Tuch darüber!“[28] Symbolfunktion kommt ebenfalls dem Stein zu, den der Wirt aufhebt: Zunächst ein Symbol der Schuld, erweist er sich im weiteren Sinn als Symbol selbstgerechter Anklageerhebung. So wirft der Wirt gleichsam zum zweiten Mal einen Stein, als er Andri öffentlich des Mordes an der Senora bezichtigt. Diesen Interpretationsstrang weiter verfolgend, verweist der Stein auf das Verhalten der Andorraner insgesamt, die Andri in verlogener Selbstgerechtigkeit beschuldigen, Jude zu sein. Interpretationshilfe bietet der Hinweis auf die Episode des Johannes-Evangeliums 8,7, als Jesus die Steinigung einer Ehebrecherin mit den Worten verhindert: „Wer von euch ohne Sünde ist, werfe als erster einen Stein auf sie.“
Der Lehrerimpuls, die schwarzen Invasoren ständen einem weißen Andorra gegenüber, lenkt die Aufmerksamkeit der Schüler auf die Farbsymbolik. Allerdings ist eine Differenzierung unerläßlich, handelte es sich doch bei der Weiße Andorras lediglich um Tünche. Im Weißeln ist der alte magische Glaube zu entdecken, eine äußerlich vorgenommene Veränderung habe auch eine innere Wandlung zur Folge. Der Vergleich zwischen dem ersten und dem letzten Bild zeigt, daß die anfangs gesunde Barblin ohne Einsicht in ihr Tun das Haus des Lehrers tüncht, während die wahnsinnige Barblin am Ende des Stückes die Funktion des Weißelns erkennt: „Ich weißle, ich weißle, auf daß wir ein weißes Andorra haben, ihr

28) Frisch, Andorra, S. 113

Mörder, ein schneeweißes Andorra, ich weißle euch alle — alle."[29]
Als Hausaufgabe bietet sich das Zusammenstellen weiterer Symbole des Stückes an. Symbolik der Herablassung: das Schulterklopfen und Handauflegen; Symbolik der Verachtung: das Schweigen; Symbolik der Gewalt: das Hakenschlagen, die Fußtritte, der Schrei; Symbolik der Liebe: das Küssen der Haare, der Ring; Symbolik des Opfertodes: der Pfahl.

5.2.6 Die Zeugenaussagen

5.2.6.1 Lernziele

Entwicklung der Bereitschaft und Fähigkeit
- herauszuarbeiten, daß die Andorraner in ihren Vor-Urteilen befangen bleiben und lediglich bedauern, den Falschen getroffen zu haben
- aufzudecken, daß das Schuldeingeständnis des Pfarrers sein Versagen bei der Judenschau ausklammert
- die Funktion der Zeugenaussagen innerhalb des Dramas darzulegen
- zu ermitteln, daß sich die Zeugen an Stelle des Publikums und nicht vor ihm rechtfertigen

5.2.6.2 Unterrichtsinhalte

Die hypothetische Fragestellung, ob sich das Geschehen um Andri in einem ähnlich gelagerten Fall in Andorra wiederholen würde, lenkt die Aufmerksamkeit der Lerngruppe auf die sieben Zeugenaussagen, die zu analysieren sind, bevor zu dieser Frage abschließend Stellung zu nehmen ist. Der geeignetste methodische Weg besteht hierbei in arbeitsteiliger Kleingruppenarbeit, bei der jede der sieben Verteidigungsreden jeweils einer Arbeitsgruppe zugeordnet wird. Um die spätere Ergebnissicherung zu unterstützen, wird ein Arbeitsblatt ausgeteilt, in das jede Gruppe zunächst die Kernaussage des von ihr untersuchten Zeugen einträgt, bevor sie später die im Plenum vorgetragenen Ergebnisse der jeweils anderen nachträgt.

29) Ebd., S. 125

Vorschlag eines Arbeitsblattes

Zeuge	Kernaussage
Wirt	„Ich gebe zu: Wir haben uns ... alle getäuscht ... Ich bin nicht schuld."
Tischler	„Ich gebe zu: Das mit den 50 Pfund ..., das war eben, weil ich ihn nicht in meiner Werkstatt wollte. ... Wieso wollte er nicht Verkäufer werden? ... Ich bin nicht schuld, daß es so gekommen ist später."
Geselle	„Ich geb zu: Es war mein Stuhl ... Nachher hab ich ihn auch nicht mehr leiden können, ... aber es lag auch an ihm ... Ich bin nicht schuld, daß sie ihn geholt haben später."
Soldat	„Ich gebe zu: Ich hab ihn nicht leiden können. ... Übrigens glaub ich noch heut, daß er einer gewesen ist. ... Aber ich hab ihn nicht getötet. ... Order ist Order."
Pater	„Auch ich bin schuldig geworden damals. ... Auch ich habe mir ein Bildnis gemacht von ihm, ... auch ich habe ihn an den Pfahl gebracht."
Jemand	„Ich gebe zu: Es ist keineswegs erwiesen, wer den Stein geworfen hat ..., ich bin nicht der Weltenrichter. ... (A)ls sie ihn holten, tat er mir leid. ... Was die Soldaten ... gemacht haben mit ihm weiß ich nicht, wir hörten nur seinen Schrei ... Einmal muß man auch vergessen können, finde ich."
Doktor	„Ich gebe zu: Wir haben uns damals alle getäuscht. ... Ich kann nur sagen, daß es nicht meine Schuld ist, einmal abgesehen davon, daß sein Benehmen ... mehr und mehr ... etwas Jüdisches hatte ... (I)ch (habe) nie an Mißhandlungen teilgenommen ..."

Der Vergleich der Zeugenaussagen ergibt, daß die Andorraner bestreiten, am Tod Andris eine Schuld zu tragen, mit Ausnahme des Paters, der jedoch seine unterlassene Zeugenaussage nicht problematisiert. Das Vor-Urteil der Andorraner bleibt bestehen, sie geben lediglich zu, daß sie einen Falschen getrof-

fen haben. Die Zeugen haben nichts dazugelernt, der Fall könnte sich demnach wiederholen.
Zum anderen enthüllen die Aussagen bereits vor dem Ende des Stückes Andris Schicksal, denn spätestens nach dem Zeugenauftritt des Soldaten ist unzweifelhaft, daß Andri getötet worden ist. Die Vordergrundszenen erfüllen somit auch die Funktion, die Aufmerksamkeit des Zuschauers auf den Gang der Handlung zu lenken. Falls es die Lernvoraussetzungen der Klasse gestatten, kann auf Brechts Konzeption des „epischen Theaters" hingewiesen werden, jedoch ist zu betonen, daß „Andorras" in der Vergangenheit liegende Bühnenhandlungen durchaus der Tradition des „Illusionstheaters" verhaftet sind.
Abschließend soll Frischs Regiebemerkung diskutiert werden, die Zeugen hätten parallel zur Rampe zu sprechen. Erkennbar ist, daß Frisch die Zuschauer nicht als Richter ansieht, sondern ihnen zeigen will, wie sehr Floskeln und Ausreden der Zeugen ihrem Verhalten entsprechen. Dies gilt nicht nur in bezug auf die Vergangenheitsbewältigung des Nationalsozialismus, sondern auch in bezug auf alltägliche Stigmatisierung von Mitmenschen.

5.2.7 Andorra — ein Beitrag zur Vergangenheitsbewältigung?

5.2.7.1 Lernziele

Entwicklung der Bereitschaft und Fähigkeit
— aus der Theaterkritik von 1961 die Interpretation des Theaterstücks als Bewältigungsliteratur herauszuarbeiten
— die Interpretation am Text zu überprüfen
— zu erkennen, daß die Interpretation eines Werkes dem historischen Wandel unterliegt und der Sinngehalt niemals normativ festzuschreiben ist

5.2.7.2 Unterrichtsinhalte

Am Beginn der Bearbeitung dieses Problemfeldes steht die Präsentation der Kritik Siegfried Melchingers aus dem Jahre 1961, der die Züricher Uraufführung des Stückes gesehen hat.[30)]

30) Vollständig in: Schmitz/Wendt, Frischs „Andorra", S. 165-169

Siegfried Melchinger: Der Jude in Andorra
In: Stuttgarter Zeitung
vom 4.11.1961

Man kann über dieses Stück nicht schreiben wie über irgendeines. Es ist in deutscher Sprache das wichtigste seit Jahren. Sein Thema ist der Antisemitismus. Die überwältigende Zustimmung, mit der es im Züricher Schauspielhaus von einem ungewöhnlichen Publikum aufgenommen wurde, galt sowohl der Wahrheit, die es ausspricht, als dem Mann, der den Mut hatte, sie auf die Bühne zu bringen.
Der Schweizer Max Frisch besaß nicht Selbstgerechtigkeit genug, um das Thema als Reportage über die finsteren Jahre des Nachbarlandes zu behandeln. Beim Nachdenken über die Frage, wie überhaupt Antisemitismus aufkommen kann, gelangte er zu der Antwort, daß er überall aufkommen könnte. ... Es ist, als wäre das Opfer noch einmal aus dem Grab gestiegen, um den Überlebenden zu zeigen, wie alles gekommen ist. Insbesondere, wie es angefangen hat. Der Prozeß vor dem Gewissen wird eingeleitet. Das Tribunal ist das Publikum. Es sind zwei Wahrheitsbeweise, die Frisch antritt. Der eine: Das Böse ist in den Menschen und muß heraus; es sucht sich einen Sündenbock ... Der zweite: Wer einen anderen, bloß weil er ihm anders erscheint, als anderen behandelt — macht sich schuldig. ... Wenn das Böse sich den Sündenbock sucht, ereignet sich der Augenblick, in dem das schuldhafte Verhalten von Einzelnen in den Terror des Kollektivs umschlägt. Das ist die entsetzliche Erfahrung, die Frisch — sicher bewußt — aus seinem Modell ausgeklammert hat. In sein Andorra wird der Terror importiert. Aber die „Judenschau" müßte nicht nur die Andorraner, sondern den (die) Judenschauer entlarven. Hier hat das Modell einen Bruch, der uns betrifft. ... Dieses Stück, dessen Uraufführung ein Ereignis des deutschsprachigen Theaterlebens war, wird von vielen westdeutschen Bühnen gespielt werden. Wir wünschen den Vorstellungen nicht den spontanen Applaus der Nichtbetroffenheit, den das Züricher Publikum

spendete. Noch unziemlicher wäre es freilich, wenn das Stück dazu mißbraucht würde, das Alibi hervorzukehren, jenes wohlbekannte: „Die anderen wären auch nicht besser gewesen." Der Prozeß spielt in Andorra. Aber Eichmann war nicht in Andorra.

Die Schüler geben zunächst den Inhalt mit eigenen Worten wieder und zeigen auf, daß der Antisemitismus als Thema des Stückes herausgestellt wird. Dem Publikum wird die Rolle eines Gerichtshofes zuerkannt, vor dem die Andorraner als Zeugen auftreten. Vermißt wird vom Kritiker, daß der Umschlag von den Vergehen des Einzelnen in den kollektiven Terror nicht dargestellt ist, das heißt, die Andorraner sollten selbst die „Judenschau" veranstalten. Dieser Text stellt eine unmittelbare Beziehung zwischen dem Schauspiel und der deutschen nationalsozialistischen Vergangenheit her.
Aufgrund der bisherigen Unterrichtsergebnisse sind die Schüler in der Lage, begründet zu dieser Interpretation Stellung zu nehmen. Es ist jedoch darauf zu achten, daß sie nicht von der heutigen Position aus beckmessern, sondern den zeitlichen Kontext der Theaterkritik beachten. Die Gefahr der Verkürzung, die diese Sichtweise „Andorras" impliziert, ist aufzuzeigen. Da in der Vorstellung vieler Zuschauer der Antisemitismus ein lokal und zeitlich auf das Dritte Reich fixiertes Phänomen darstellt, gefährdet diese Interpretation die Überlebensfähigkeit des Werkes.

5.2.8 Die vielfache Anwendbarkeit der Bildnis-Parabel

5.2.8.1 Lernziele

Entwicklung der Bereitschaft und Fähigkeit
— Begründungen für ein Interesse an „Andorra" aus heutiger Perspektive zu entwickeln
— die Differenz zwischen dem „Bildnis", das die Andorraner von Andri besitzen, und dem „Entwurf", den sich Herr K. von einem geliebten Menschen macht, aufzuzeigen

5.2.8.2 Unterrichtsinhalte

Mit der Frage, ob sie als Intendant eines Theaters „Andorra" heute auf den Spielplan setzen würden, werden die Schüler veranlaßt, abschließend die Mühe der „Sinn-Zuweisungs-Arbeit"[31] bewußt auf sich zu nehmen und zu überlegen, inwiefern das Drama über den Horizont seiner Entstehungszeit hinausweist. So verortet der einzelne Schüler das Stück in Rahmen seines gegenwärtigen Horizonts.
Im Zusammenhang mit der immer wieder aktuellen Bildnis-Problematik erfolgt der Rekurs auf die zu Beginn der Sequenz behandelte Keuner-Geschichte. Deutlich wird die Diskrepanz zwischen dem „Entwurf" des Herrn K. und dem „Bildnis", das Frisch in seinem Stück anprangert.

Vorschlag eines Tafelbildes

Andorraner	**Herr K.**
„Bildnis"	„Entwurf"
= Vor-Urteil Klischee Heterostereotyp	= Plan Gedanke Idee
↓	↓
Frisch fordert die Respektierung der Individualität	Brecht wünscht, die Menschen zu verbessern (gemäß der Philosophie des Marxismus)

31) Müller-Michaels, Entfaltung des Verstehens, S. 85

5.3 Verlaufsskizze: Biedermann und die Brandstifter

5.3.1 Annäherung an das Theaterstück

5.3.1.1 Lernziele

Entwicklung der Bereitschaft und Fähigkeit
- Hypothesen zur Intention des Stückes zu bilden
- Problemfelder für die weitere Behandlung im Unterricht abzustecken
- die Struktur des Bühnenstückes herauszuarbeiten

5.3.1.2 Unterrichtsinhalte

Um ein möglichst unmittelbares Zeugnis ihres Erstleseeindrucks zu erhalten, werden die Schüler aufgefordert, anonym eine kurze Hypothese zur Intention des „Biedermann"-Stückes auf einen Zettel zu schreiben: „Ich verstehe das Stück so ..." Diese Zettel werden vom Unterrichtenden eingesammelt, um in der vierten Phase der Unterrichtssequenz eine Arbeitsgrundlage für die Diskussion zu bilden.
Das sich an diese kurze Stillarbeitsphase anschließende möglichst frei gestaltete Unterrichtsgespräch soll einen ersten gemeinsamen Zugang zum „Biedermann" eröffnen und den Schülern Gelegenheit geben, Mißfallen, Zustimmung und Verständnisprobleme zu verbalisieren. Durch helfende Impulse des Lehrers werden die einzelnen Beiträge zu einem Arbeitsprogramm für die folgenden Stunden strukturiert und an der Wandtafel fixiert.
In einem weiteren Abschnitt gilt es, sich der Inhalts- und Handlungsstruktur des Stückes zu nähern. Die verschiedenen Handlungsebenen werden den Schülern vermittels einer Skizze der bühnenräumlichen Ordnung visualisiert. Notwendig erscheint eine derartige Skizze vor allem, falls die Lerngruppe noch keine Kenntnisse antiker Dramen besitzt und das Auftreten eines Chores ihr unbekannt ist.

Vorschlag eines Tafelbildes

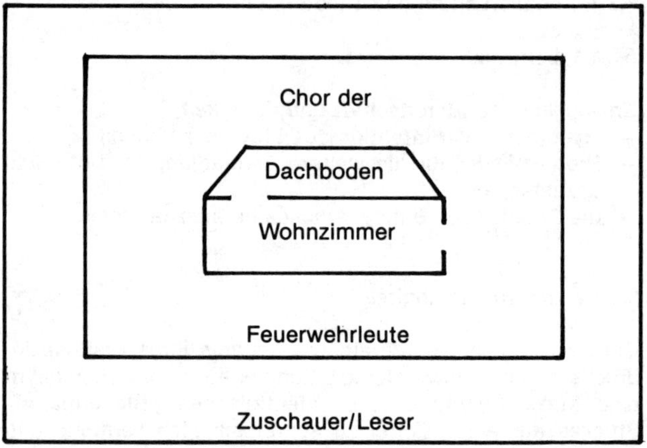

Als Hausaufgabe kann der Arbeitsauftrag gestellt werden, die Fabel des Stückes wiederzugeben, so daß die Schüler veranlaßt werden, sich die Handlung nochmals ins Bewußtsein zu rufen. Das Ergebnis lautet: Zu feige, zwei dubiose Gestalten, die sich auf seinem Dachboden eingenistet haben, fortzuschicken, sieht der wohlsituierte Gottlieb Biedermann zu, wie diese Anstalten treffen, sein Haus in Brand zu setzen.

5.3.2 Biedermanns Fixierung auf sein Image

5.3.2.1 Lernziele

Entwicklung der Bereitschaft und Fähigkeit
— die Diskrepanz zwischen verbalen Anspruch und tatsächlichem Verhalten Gottlieb Biedermanns aufzudecken

- aufzuzeigen, daß Schmitz vermittels einer Kombination aus Höflichkeit, Schmeichelei, Drohung und Unverschämtheit Biedermann überlistet
- herauszuarbeiten, daß Biedermanns Bedürfnis nach Imagepflege seine Furcht vor den Brandstiftern überwiegt

5.3.2.2 Unterrichtsinhalte

Mit dem Gemeinplatz: „Gefahr erkannt — Gefahr gebannt" eröffnet der Unterrichtende eine Phase des freien Unterrichtsgesprächs, das in die Formulierung der Problemfrage mündet: „Warum nimmt Gottlieb Biedermann den Ringer Schmitz auf?"
Textgrundlage für die Beantwortung dieser Frage ist die erste Szene des Schauspiels. Das Image, das Biedermann von sich selbst aufgebaut hat: mutig, entschlossen, wachsam, tolerant, menschlich, an das Gute glaubend, wird mit seinem tatsächlichen Verhalten verglichen. Er ist zu feige, den kräftigen Ringer Schmitz aus seinem Haus zu werfen; er ignoriert detaillierte Hinweise auf Feuersbrünste; gegenüber seinem Angestellten Knechtling erweist er sich als unmenschlich und intolerant; obwohl er Schmitz seinen Dachboden anbietet, bleibt er mißtraurisch und versucht Schmitz' Versicherung zu erheischen, kein Brandstifter zu sein. Die Diskrepanz zwischen Schein und Sein, zwischen Worthülsen und Wirklichkeit offenbart sich somit bereits in dieser Szene.
Die Schwächen Biedermanns ausnutzend, gelingt es Schmitz, sein Ziel zu erreichen. Obzwar seine äußere Erscheinung und sein Ansinnen hinreichend Anlaß zu Mißtrauen bieten, gelingt es ihm durch eine geschickte Kombination aus Schmeichelei und Drohung Biedermann zu überlisten. Die Wiederholung der Biedermannschen Stammtischphrasen verquickt er geschickt mit der schrittweisen Durchsetzung seines Plans: „Das spürte die ganze Wirtschaft, Herr Biedermann: Sie glauben noch an das Gute in den Menschen und in sich selbst. Oder hab ich nicht recht? Sie sind der erste Mensch in dieser Stadt, der unsereinen nicht einfach wie einen Brandstifter behandelt —."[32] Schmitz benutzt häufig das Stilmittel der rhetorischen Frage oder formuliert Konditionalsätze, deren Zurückweisung

32) Frisch, Biedermann, S. 16

für Biedermann die Zerstörung seines selbstkonstruierten Images bedeuteten: „Wenn Sie ein Unmensch wären, Herr Biedermann, dann würden Sie mir heute nacht kein Obdach geben, das ist mal klar."[33] Dezent, aber unüberhörbar läßt Schmitz Drohungen gegen Biedermann einfließen, falls dieser ihn aus dem Haus zu weisen gedenkt: „... da packt so ein Herr, der noch nie gerungen hat, unsereinen am Kragen — Wieso? frag ich und dreh mich bloß um, bloß um ihn anzublicken, schon hat er die Schulter gebrochen."[34]
Am Ende der Erarbeitung dieses Problemfeldes werden die Schüler mit der These Frischs konfrontiert: „Jeder Mensch erfindet sich früher oder später eine Geschichte, die er, oft unter gewaltigen Opfern, für sein Leben hält."[35] Indem sie aufgefordert werden, diese These auf Gottlieb Biedermann zu applizieren, werden sie veranlaßt, sich nochmals die wesentlichen Ergebnisse der Erarbeitung zu vergegenwärtigen und sie sind in der Lage, zu der eingangs formulierten Problemfrage dezidiert Stellung zu beziehen.

5.3.3 Die Tarnformen der Brandstifter

5.3.3.1 Lernziele

Entwicklung der Bereitschaft und Fähigkeit
— das Verhalten Wilhelm Eisenrings und Gottlieb Biedermanns auf dem Dachboden zu erarbeiten
— Inkongruenz von Wirklichkeit und Sprache als Voraussetzung der Tarnform der Wahrheitsnennung zu ermitteln
— aufzudecken, daß die Brandstifter Biedermann beim Wort nehmen, während er dies umgekehrt nicht tut

5.3.3.2 Unterrichtsinhalte

Textgrundlage für die Erarbeitung dieses Problemfeldes ist der zweite Auftritt der vierten Szene, als Biedermann Eisenring auf dem Dachboden besucht und von diesem über die

33) Ebd., S. 20
34) Ebd., S. 16 f
35) Bienek, Werkstattgespräch, S. 27

Tarnformen der Brandstifter aufgeklärt wird. Die Schüler lesen diesen Auftritt zunächst mit verteilten Rollen, um der gesamten Lerngruppe das Geschehen in Erinnerung zu rufen. Die Beschreibung des unterschiedlichen Verhaltens der beiden Personen eröffnet das Unterrichtsgespräch. Obwohl eigentlich Hausherr, benimmt sich Biedermann wie ein Gast auf seinem Dachboden. Bemüht, die Brandstifter für sich einzunehmen, bietet er die Benutzung seines Badezimmers an. Die Vorbereitungen für die Brandstiftung sieht er zwar, will sie aber nicht als solche erkennen. Demgegenüber fühlt sich Eisenring auf dem Dachboden heimisch und läßt sich durch Biedermanns Anwesenheit keineswegs von seiner Arbeit abhalten. Er wirkt überlegen und drängt den Hausbesitzer durch seine direkte Fragetechnik in die Enge.
Falls von den Schülern nicht selbst thematisiert, lenkt ein gezielter Lehrerhinweis die Aufmerksamkeit auf die drei Tarnformen, die die Brandstifter benutzen. Keine Probleme bereitet das Verständnis der ersten beiden Tarnformen, es ist die dritte Methode, die einer dezidierten Impulssetzung durch den Unterrichtenden bedarf, um den Schülern die zweideutige Beziehung zwischen Sprache und Wahrheit zu verdeutlichen. Mit der Wahrheit an sich rechnet Biedermann nicht; wenn die Schlußfolgerungen, die das Wahre erzwingen würde, unerfreulich sind, glaubt er es einfach nicht. Das Stück führt Eisenrings Gedankengang sogar noch weiter. Nicht allein, daß eine unbequeme Wahrheit nicht geglaubt wird, Biedermann glaubt obendrein noch jede Lüge, sofern sie nur angenehm ist. Nachzuweisen ist dies an seiner Reaktion auf die Schmeicheleien Schmitz' in der ersten Szene.
Die Frage nach den Gründen für Biedermanns Verhalten auf dem Dachboden veranlaßt die Lerngruppe, sich obwohl das Ergebnis der Erarbeitung des vorigen Problemfeldes als auch das Ergebnis dieses zu vergegenwärtigen. Zum einen ist es sicherlich Biedermanns Feigheit und Unentschlossenheit, die ihn glauben läßt, er könne sein Haus retten, sofern er nur die Brandstifter als Freunde gewinnt. Zum anderen unterstellt Biedermann permanent die Inkongruenz von Sprache und Wahrheit, sofern diese unerfreulich ist, während die Brandstifter Biedermann beim Wort nehmen und selbst die unerfreuliche Wahrheit beim Namen nennen. Da Gottlieb Biedermann diese Strategie nicht durchschaut, ist er den Brandstiftern hilflos ausgeliefert.

5.3.4 Stationen der Machtübernahme

5.3.4.1 Lernziele

Entwicklung der Bereitschaft und Fähigkeit

— die Stationen der Machtübernahme im Hause Biedermann herauszuarbeiten
— Möglichkeiten Gottlieb Biedermanns aufzuzeigen, die Brandstiftung zu verhindern

5.3.4.2 Unterrichtsinhalte

Nach der Präsentation des Biedermannschen Monologs am Ende der fünften Szene erhalten die Schüler Gelegenheit, sich zu Biedermanns Frage: „Was hätten Sie denn getan, Herrgottnochmal, an meiner Stelle? Und wann?“[36] zu äußern. Die Schüler sehen die Notwendigkeit ein, sich zur Beantwortung dieser Frage zunächst eine Übersicht über die Stationen der Machtergreifung im Hause Biedermann anzufertigen. Erfolgen kann dies in Einzel- oder Gruppenarbeit, aber auch im gemeinsamen Unterrichtsgespräch.

Szene	Vorgehen der Brandstifter
1	Schmitz verschafft sich Zutritt im Hause Biedermann und nötigt den Hausbesitzer, ihn zu beherbergen.
2	Schmitz behauptet sich gegenüber Babettes Versuch, ihn hinauszukomplimentieren. Eisenring faßt im Hause Biedermann Fuß.
3	Die Brandstifter stapeln Benzinfässer auf Biedermanns Dachboden. Biedermann deckt die Brandstifter gegenüber der Polizei.
4	Die Brandstifter bereiten offen ihre Schlußaktion vor. Der Dr. phil. taucht auf.
5	— — —

36) Frisch, Biedermann, S. 67

6 Eisenring und Schmitz offenbaren letzte Details der Brandstiftung beim Abendessen in Biedermanns Wohnzimmer.
Verlangen Streichhölzer, erhalten sie und verabschieden sich.

Die Schüler erkennen, daß Biedermann bis zum Schluß die Möglichkeit hat, den Brand in seinem Hause zu verhindern, sofern er den Mut zu einem entschlossenen Vorgehen aufbrächte und die Wahrheit als solche erkennen würde. Allerdings schränkt sich zum Ende sein Handlungsspielraum immer weiter ein.

5.3.5 Die Funktion des Chores

5.3.5.1 Lernziele

Entwicklung der Bereitschaft und Fähigkeit
— die Kommentatorfunktion des Chores zu ermitteln
— aufzuzeigen, daß der Chor die Meinung der Öffentlichkeit und des Autors vertritt
— Frischs Zweifel an der Veränderbarkeit der Welt herauszuarbeiten

5.3.5.2 Unterrichtsinhalte

Da Schüler der Sekundarstufe I in der Regel noch kein antikes Drama behandelt haben, ist eine vergleichende Untersuchung der Funktion des Chores in den verschiedenen Theaterstücken nicht möglich. Daher wird die These der östlichen Kritik zur Diskussion gestellt, der Chor sei mitschuldig an der Katastrophe.[37] Das Gespräch über diese Behauptung mündet in die Frage nach der Funktion des Chores. Die zur Klärung dieses Problems herangezogenen Textstellen sollen in jedem Fall zunächst von den Schülern mit eigenen Worten wiedergegeben werden, erschwert doch die daktylische Versform das Verständnis.
Die Kommentatorfunktion ist an der Selbstdeutung des Chores in der dritten Szene zu ermitteln: „Nimmer geziemt es dem

37) Vgl. Herms, Biedermann, S. 235

Chor ..."[38] Daneben besitzt der Chor die Funktion eines Sprachrohrs der öffentlichen Meinung, die hier gleichzusetzen ist mit der des Autors.
Ablesbar ist dies in der Eingangspartie als der ideologische Mißbrauch des Schicksalsbegriffs vom Chorführer und Chor entlarvt wird. Vertraut hier der Chor noch auf Durchschaubarkeit und Veränderbarkeit der Welt, so hat sich diese optimistische Hoffnung im letzten Auftritt in ihr Gegenteil verkehrt.[39]
Diese Einschätzung des Chores interpretiert zugleich den Untertitel des Schauspiels „Lehrstück ohne Lehre". Neben diesen Ergebnissen ist es ferner der Hinweis auf die anfangs erstellte Skizze der bühnenräumlichen Ordnung, die die Eingangsthese als nicht haltbar erweist, da sie der speziellen Funktion des Chores nicht Rechnung trägt.

5.3.6 Die vielfache Anwendbarkeit der Parabel

5.3.6.1 Lernziele

Entwicklung der Bereitschaft und Fähigkeit
— die im Text von Friedrich Luft genannten Anwendungsbeispiele der Parabel zu erläutern
— die Kritik Lufts aufgrund der eigenen Textkenntnis zu überprüfen
— neue Anwendungsbeispiele der Parabel zu entwerfen

5.3.6.2 Unterrichtsinhalte

Im Mittelpunkt der Bearbeitung dieses Problemfeldes steht die folgende Theaterkritik aus dem Jahre 1961:

> Friedrich Luft: Max Frisch „Biedermann und die Brandstifter"
> In: Die Welt vom 6.11.1961
>
> ... Man kann die Moral dieses „Lehrstücks ohne Lehre" auf die jüngste Vergangenheit anlegen. Man kann bedeuten: wir wußten ja, daß Hitler Krieg, Vorherrschaft, Brand und Ausrottung meinte. Er hat's deutlich genug gesagt. Trotzdem hat man's nicht recht

38) Frisch, Biedermann, S. 45 f
39) Vgl. ebd., S. 8 f und S. 85

geglaubt: Biedermann als Mitläufer. Oder man kann (und soll wohl) an die Brandstifter denken, die mit dem neuen großen Feuer, mit der Teufelsbombe kokeln. Wir dulden es. Wir sehen es mit an und finden viele Gründe, es zu tun. Aber die Lunte ist gelegt. Wehe! Oder man kann an die demokratische Duldsamkeit denken, mit der extreme Brandstifter biedermännisch von uns ausgehalten werden, ganz rechts und ganz links. Die Luntenleger des Umsturzes sitzen an unseren Tischen, kaum verdächtigt. Aus Gründen der öffentlichen Gemütlichkeit schieben wir die Regungen einer besseren Einsicht einfach weg: Ist ja alles nicht so schlimm ...

Die von Luft genannten Anwendungsbeispiele der Parabel werden herausgearbeitet und von den Schülern erläutert. An dieser Stelle kann es durchaus eine sinnvolle Ergänzung sein, die Umstände der Machtergreifung der Nationalsozialisten der gesamten Lerngruppe vermittels des Kurzreferats einer „Spezialisten“-Gruppe vorzustellen.[40] Das Kokeln mit der Teufelsbombe ist ohne besondere Vorkenntnisse als Metapher für die Herstellung und Stationierung von Atombomben zu interpretieren, auch die Bedrohung durch Extremisten berührt den Erfahrungshorizont der Schüler, zumal in jüngster Zeit nicht nur die Gruppen der linken Szene, sondern vor allem Neonazis an die Öffentlichkeit treten.
In der Regel ist damit zu rechnen, daß von der Lerngruppe selbst weitere Beispiele genannt werden, die mit dem Geschehen in dem Theaterstück zu vergleichen sind. Auch falls dieser Fall nicht eintritt, ist der Text Friedrich Lufts dazu geeignet, den Schülern die vielfache Anwendbarkeit der Biedermann-Parabel einsichtig zu machen.

5.3.7 Überprüfung der primären Leseeindrücke

5.3.7.1 Lernziele

Entwicklung der Bereitschaft und Fähigkeit
— die Biedermann-Parabel auf ihre eigene gegenwärtige Situation zu beziehen

40) Ein zur Vorbereitung eines Kurzreferats geeigneter Text findet sich in: Springmann, „Biedermann“, S. 89-92 in der leicht zugänglichen Reihe „Erläuterungen und Dokumente“ des Reclam-Verlags.

— sich mit ihrer eigenen ersten Sehweise des Stückes kritisch auseinanderzusetzen

5.3.7.2 Unterrichtsinhalte

Eröffnet wird dieses Problemfeld mit dem Impuls, sich vorzustellen, ob die Biedermann-Parabel heute noch irgendwann neu erzählt werden könnte. Zu erwarten ist, daß die Schüler zunächst Anwendungsbeispiele aus dem politischen Bereich nennen werden, verwandt denen, die sie bereits im Zusammenhang mit der Luft-Kritik dargestellt haben. Jetzt gilt es aber, von diesem Text zu abstrahieren und Beispiele aus dem persönlichen Bereich und Erfahrungshorizont der Schüler zu ermitteln.
Die Behandlung wird durch die Präsentation exemplarischer Hypothesen zur Intention des Stückes abgeschlossen, die anfangs anonym auf Zettel notiert worden sind. Die Schüler setzen sich mit ihrer eigenen ersten Sehweise des Stückes auseinander und revidieren diese notfalls. Mit diesem Gespräch wird der Dialog, „in dessen Verlauf das vergangene Werk lebendig geworden ist und der Deutende seinen Horizont erweitert“[41] hat, im Rahmen der unterrichtlichen Behandlung abgeschlossen.

41) Müller-Michaels, Entfaltung des Verstehens, S. 87

6 Literaturverzeichnis

6.1 Textausgaben

Max Frisch: Andorra. Stück in zwölf Bildern. Frankfurt/Main: Suhrkamp, 4. Aufl. 1976 (suhrkamp taschenbuch 277) Nach dieser Ausgabe wird im fünften Kapitel zitiert.

Max Frisch: Biedermann und die Brandstifter. Ein Lehrstück ohne Lehre. Frankfurt/Main: Suhrkamp, 1963 ff (edition suhrkamp 41) Nach dieser Ausgabe wird im fünften Kapitel zitiert.

Max Frisch: Gesammelte Werke in zeitlicher Folge. 6 Bde. Hrsg. v. Hans Mayer unter Mitw. v. W. Schmitz. Frankfurt/Main: Suhrkamp, 1976 (text- und seitenidentisch mit der zwölfbändigen Taschenbuchausgabe, Frankfurt/Main: Suhrkamp, 1976)

Max Frisch: Erzählungen des Ludwig Anatol Stiller (Nachwort W. Jens). Frankfurt/Main: Suhrkamp, 1961

Max Frisch: Öffentlichkeit als Partner. Frankfurt/Main: Suhrkamp, 1967

Max Frisch: Stücke 1 und 2. Frankfurt/Main: Suhrkamp, 1972/73

Max Frisch: Tagebuch 1946-1949. München: Knauer, 1965

Max Frisch: Was ist komisch? In: Spectaculum II, Frankfurt/Main 1960

Max Frisch: Wilhelm Tell für die Schule. Frankfurt/Main: Suhrkamp, 1971

6.2 Allgemeine Arbeiten zum Werk Max Frischs

Ausführliche Bibliographien zum Werk Frischs in: Schmitz (Hrsg.): Über Max Frisch II (Stand 1976) und Stephan: Max Frisch (Stand 1.5.1982)

Bänziger, Hans: Frisch und Dürrenmatt. Bern/München: Francke, 1971 (1960)

Beckermann, Thomas (Hrsg.): Über Max Frisch I. Frankfurt/Main: Suhrkamp, 2. Aufl. 1971

Begegnungen. Eine Festschrift für Max Frisch zum siebzigsten Geburtstag. Frankfurt/Main: Suhrkamp, 1981

Biedermann, Marianne: Das politische Theater von Max Frisch. Lampertheim: Schäuble, 1974
Bienek, Horst: Werkstattgespräche mit Schriftstellern. München: dtv, 1962
Demetz, Peter: Die süße Anarchie. Skizzen zur deutschen Literatur seit 1945. Frankfurt/Main: Ullstein, 1973
Geißler, Rolf (Hrsg.): Zur Interpretation des modernen Dramas: Brecht, Dürrenmatt, Frisch. Frankfurt/Main: Diesterweg, 9. Aufl. 1978
Grimm, Christa: Max Frisch Stücke, erzählende Prosa 1939-1979. In: Weimarer Beiträge. Zeitschrift für Literaturwissenschaft, Ästhetik und Kulturtheorie. Berlin und Weimar: Aufbau, Jg. 28 (1982), H. 7, S. 145-150
Hage, Volker: Max Frisch mit Selbstzeugnissen und Bilddokumenten. Hamburg: Rowohlt, 1984
Haberkamm, Klaus: Max Frisch. In: Deutsche Literatur seit 1945. Hrsg. v. Dietrich Weber. Stuttgart: Kröner, 2. überarb. u. erw. Aufl. 1970, S. 364-395
Ischreyt, Heinz: Welt der Literatur. Gütersloh 1961
Jurgensen, Manfred: Max Frisch. Die Dramen. Bern: Francke, 2. Aufl. 1976 (1968)
Kaiser, Joachim: Max Frisch und der Roman. In: Frankfurter Hefte, 12. Jg. (1957), S. 876 ff
Karasek, Hellmuth: Max Frisch. Friedrichs Dramatiker des Welttheaters 17. Velber: Friedrich, 1974 (Nachdruck bei dtv)
Knapp, Gerhard P. (Hrsg.): Max Frisch. Aspekte des Bühnenwerks. (Studien zum Werk Max Frischs 2). Bern: Lang, 1979
Lüthi, Hans Jürg: Max Frisch. München: Francke, 1981
Lusser-Mertelsmann, Gunda: Max Frisch. Die Identitätsproblematik in seinem Werk aus psychoanalytischer Sicht. Stuttgart: Heinz, 1976
Mayer, Hans: Über Friedrich Dürrenmatt und Max Frisch. Pfullingen 1977
Petersen, Carol: Max Frisch. Berlin: Colloquim Verlag, 1972 (1966)
Petersen, Jürgen H.: Max Frisch. Stuttgart: Metzler, 1978
Reich-Ranicki, Marcel: Deutsche Literatur heute. Gütersloh, o. J.
Rosengarten, Walter: Max Frisch. In: Nonnemann, Klaus (Hrsg.): Schriftsteller der Gegenwart. Olten u. Freiburg i. Br. 1963, S. 108 ff

Schäfer, Eduard: Lerngegenstand Literatur. In: Zeitschrift für Literaturwissenschaft und Linguistik, 1977, Beih. 5

Schmitz, Walter (Hrsg.): Über Max Frisch II. Frankfurt/Main: Suhrkamp, 1976

Schuchmann, Manfred E.: Der Autor als Zeitgenosse. Gesellschaftliche Aspekte in Max Frischs Werk. Bern: Lang, 1979

Stauble, Eduard: Max Frisch. Gesamtdarstellung seines Werkes. St. Gallen: Erker, 4. Aufl. 1971

Steinmetz, Horst: Max Frisch. Tagebuch, Dramen, Roman. Göttingen 1973

Stephan, Alexander: Max Frisch. In: Kritisches Lexikon zur deutschsprachigen Gegenwartsliteratur, Bd. 1. Göttingen: edition text und kritik, o. J.

Weise, Adelheid: Untersuchungen zur Thematik und Struktur der Dramen von Max Frisch. Göppingen: Kümmerle, 1969

6.3 Literatur zu „Andorra“

Eine ausführliche kommentierte Bibliographie in: Schmitz/Wendt: Frischs Andorra, S. 288-321 (Stand 1983)

Durzak, Manfred: Dürrenmatt, Frisch, Weiss. Deutsches Drama der Gegenwart zwischen Kritik und Utopie. Stuttgart: Reclam, 2. Aufl. 1972, S. 219-230

Eckart, Rolf: Max Frisch „Andorra“. München: Oldenbourg, 8. Aufl. 1976

Eisenbeis, Manfred: Stundenblätter Max Frisch „Andorra“. Stuttgart: Klett, 2. Aufl. 1982

Enzensberger, Hans Magnus: Über „Andorra“. Programmheft des Schauspielhauses Zürich 1961/62 (zum 2.11.1961), S. 4-7

Frühwald, Wolfgang: Wo ist Andorra? (1966). In: Schmitz, Über Max Frisch II, S. 305-313

Hegele, Wolfgang: Max Frisch „Andorra“ (1968). In: Beckermann, S. 172-191

Hofstätter, Peter R.: Gruppendynamik. Hamburg: Rowohlt, durchges. u. erw. Neuaufl. 1971

Knapp, Gerhard P. und Mona: Max Frisch „Andorra“. Frankfurt/Main: Diesterweg, 2. Aufl. 1982

Krapp, Helmut: Das Gleichnis vom verfälschten Leben (1963). In: Schmitz/Wendt, S. 98-103

Pütz, Peter: Max Frischs „Andorra“ — Ein Modell der Mißverständnisse (1975). In: Schmitz/Wendt, S. 122-132

Rischbieter, Henning: „Andorra“ von Max Frisch in Zürich uraufgeführt (1961). In: Schmitz, Über Max Frisch II, S. 294-298

Rosebrock, Theo: Erläuterungen zu Max Frischs „Andorra“, „Biedermann und die Brandstifter“. Hollfeld: Bange, (1984[10]).

Schmid, Karl: „Andorra“ und die Entscheidung (1963). In: Beckermann, S. 147-171

Schmitz, Walter: Neun Thesen zu „Andorra“ (1978). In: Schmitz/Wendt, S. 143-159

Schmitz, Walter / Wendt, Erich: Frischs „Andorra“. Frankfurt/Main: Suhrkamp, 1984

Silenius, Axel (Hrsg.): Vorurteile in der Gegenwart. Frankfurt/Main 1966

Steinbach, Dietrich (Hrsg.): Materialien Max Frisch „Andorra“. Ausgewählt und eingeleitet von Eberhard Hermes. Stuttgart: Klett, 1979

Wysling, Hans: Dramaturgische Probleme in Frischs „Andorra“ und Dürrenmatts „Besuch der alten Dame“ (1975). In: Schmitz/Wendt, S. 133-142

6.4 Literatur zu „Biedermann und die Brandstifter“

Eine ausführliche kommentierte Bibliographie in: Schmitz: Materialien zu Max Frisch „Biedermann“, S. 303-317 (Stand 1979)

Bauer Pickar, Gertrud: „Biedermann und die Brandstifter“: Das Dilemma der Sprache (1969). In: Schmitz: Materialien, S. 167-177

Brewer, John T.: Max Frischs „Biedermann und die Brandstifterei“ als Dokument der Enttäuschung eines Autors (1971). In: Schmitz: Über Max Frisch II, S. 281-293

Herms, Dieter: Max Frisch „Biedermann und die Brandstifter“ In: Brauneck, Manfred (Hrsg.) Das deutsche Drama vom Expressionismus bis zur Gegenwart. Bamberg: Buchner, 1972

Jordan, Gerda: Max Frisch „Biedermann und die Brandstifter“. Frankfurt/Main: Diesterweg, 2. Aufl. 1983

Karasek, Hellmuth: „Biedermann und die Brandstifter" (1966). In: Beckermann, S. 137-166
Knust, Herbert: Moderne Variationen des Jedermann-Spiels (1968). In: Schmitz: Materialien, S. 223-245
Meurer, Reinhard und Renate: Max Frisch „Biedermann und die Brandstifter". München: Oldenbourg, 1983
Schmitz, Walter (Hrsg.): Materialien zu Max Frisch „Biedermann und die Brandstifter". Frankfurt/Main: Suhrkamp, 1979
Schmitz, Walter: Biedermanns Wandlungen: Von der „Burleske" zum „Lehrstück ohne Lehre" (1978). In: Schmitz: Materialien, S. 133-162
Springmann, Ingo (Hrsg.): Max Frisch „Biedermann und die Brandstifter" (Erläuterungen und Dokumente). Stuttgart: Reclam, 1979
Steinbach, Dietrich (Hrsg.): Materialien Max Frisch „Biedermann und die Brandstifter". Ausgewählt und eingeleitet von Siegfried Hein. Stuttgart: Klett, 1982
Weber, Werner: Zu Frischs „Biedermann und die Brandstifter" (1958). In: Schmitz: Materialien, S. 163-166

6.5 Literatur zu Didaktik und Methodik

Ahrens, Ernst (Hrsg.): Einführung in die Schulpraxis. Heidelberg 1974
Bredella, Lothar: Das Verstehen literarischer Texte. Stuttgart: Kohlhammer, 1980
Brunnhuber, Paul: Prinzipien effektiver Unterrichtsgestaltung. Donauwörth: Auer, 10. Aufl. 1977
Eggert, Hartmut u. a.: Literaturrezeption von Schülern als Problem der Literaturdidaktik. In: Dehn, W. (Hrsg.): Ästhetische Erfahrung und literarisches Lernen. Frankfurt/Main, 1974
Erikson, Erik H.: Das Problem der Ich-Identität. In: Ders.: Identität und Lebenszyklus. Frankfurt/Main: Suhrkamp, 7. Aufl. 1981, S. 123-215
Fingerhut, Karlheinz: Text-Kontext-Rezeption. In: Jahrbuch der Deutschdidaktik 1980. Königstein/Ts.: Scriptor, 1981
Gadamer, Hans-Georg: Wahrheit und Methode. Grundzüge einer philosophischen Hermeneutik. Tübingen: Mohr, 3. erw. Aufl. 1972

Giera, Fritz: Formen des Unterrichts. In: Ahrens (Hrsg.): Einführung in die Schulpraxis, S. 47-71

Klafki, Wolfgang: Didaktische Analyse als Kern der Unterrichtsvorbereitung. In: Auswahl. Grundlegende Aufsätze aus der Zeitschrift „Die Deutsche Schule", Bd. 1. Hannover: Schroedel, 1964, S. 5-34

Müller-Michaels, Harro: Literatur im Alltag und Unterricht. Kronberg/Ts.: Scriptor, 1978

Müller-Michaels, Harro: Entfaltung des Verstehens — Ein Handlungsforschungsprojekt auf der S II. In: Jahrbuch der Deutschdidaktik 1983/84. Tübingen: Narr, 1984, S. 84-94

Nickel, Horst: Entwicklungspsychologie des Kindes- und Jugendalters. Bd. II: Schulkind und Jugendlicher. Bern-Stuttgart-Wien: Huber, 2. durchges. Aufl. 1976

Ziehe, Thomas / Stubenrauch, Herbert: Plädoyer für ungewöhnliches Lernen, Ideen zur Jugendsituation. Hamburg: Rowohlt, 1982

7 Zeittafel

1911	am 15. Mai in Zürich-Hottingen geboren
1924-1930	Realgymnasium in Zürich
1931-1933	Studium der Germanistik an der Universität in Zürich
ab 1933	freier Journalist Balkan-Reise
1934	erster Roman: „Jürg Reinhart“
1936-1941	Architektur-Studium an der ETH in Zürich, Diplom
1937	„Antwort aus der Stille“, Erzählung
1938	Conrad-Ferdinand-Meyer-Preis
1939-1945	Militärdienst
1940	„Blätter aus dem Brotsack“, Tagebuch
1942	Eheschließung mit Constanze von Meyenburg Architekturbüro in Zürich
1943	„Die Schwierigen oder J'adore ce qui me brûle“, Roman
1945	„Bin oder Die Reise nach Peking“ – „Santa Cruz“ „Nun singen sie wieder“, Versuch eines Requiems
1946	Reise nach Deutschland, Italien, Frankreich
1947	„Die Chinesische Mauer“ „Tagebuch mit Marion“
1948	Reisen nach Prag, Berlin, Warschau Kontakt mit Bertolt Brecht
1949	„Als der Krieg zu Ende war“
1950	Spanienreise „Tagebuch 1946–1949“
1951	Amerika-Aufenthalt, Rockefeller-Stipendium „Graf Öderland“
1953	„Don Juan oder Die Liebe zur Geometrie“ „Rip van Winkle“ und „Herr Biedermann und die Brandstifter“, Hörspiele
1954	„Stiller“, Roman Auflösung des Architekturbüros freier Schriftsteller
1955	Wilhelm-Raabe-Preis „Achtung: Die Schweiz“, Pamphlet
1956	zweite Amerikareise
1957	„Homo Faber“, Roman Reise in die arabischen Staaten

1958	„Biedermann und die Brandstifter“
	„Die große Wut des Philipp Hotz“
	Georg-Büchner-Preis
	Literaturpreis der Stadt Zürich
1959	Scheidung
1960-1965	Wohnsitz in Rom
1961	„Andorra“
1962	Dr. h. c. der Philipps-Universität Marburg
1964	„Mein Name sei Gantenbein“, Roman
ab 1965	Wohnsitz im Tessin
	Reise nach Israel
1966	erste Reise in die UdSSR, Polen-Besuch
1967	„Biografie: Ein Spiel“
1968	zweite Reise in die Sowjetunion
	„Öffentlichkeit als Partner“; Eheschließung mit Marianne Oellers (Scheidung 1979)
1969	„Dramaturgisches“
	Reise nach Japan
1970	Reise in die USA
1971	„Wilhelm Tell für die Schule“
1972	„Tagebuch 1966-1971“
1974	„Dienstbüchlein“
1975	„Montauk“
	„Stich-Worte“. Hrsg. Uwe Johnson
1976	„Gesammelte Werke in zeitlicher Folge“. Hrsg. Hans Mayer und Walter Schmitz
1978	„Triptychon“ (Buchausgabe)
1979	„Der Mensch erscheint im Holozän“
1982	„Blaubart“

(Die hier genannten Daten beziehen sich auf das Erscheinen der Werke)

Portraits in Spielen — 3 x Spitzenklasse

Kleine Schachbücherei Band 10
Roman Dzindzichashvili:
Sein Aufstieg zur Weltspitze
von Manfred van Fondern
47 Diagr. - Fotos - 116 S. - kart. **DM 12,80**

Furios sein Spielstil, wie es die 35 in dieser Sammlung ausführlich kommentierten Partien nachdrücklich unterstreichen. Wenn selbst die namhaftesten Konkurrenten serienweise gegen ihn die Segel streichen, so spürt man, daß hier ein wirklich eisenharter Profi am Werk war.

Kleine Schachbücherei Band 11/12
Dr. Robert Hübner
Manfred van Fondern / Peter Kleine
60 seiner schönsten Partien
2., verbesserte Auflage - 176 Seiten - 27 Diagramme **DM 12,80**

Geboten werden seine besten Partien (allesamt kommentiert) seit 1961, seit dem Zeitpunkt also, wo er als 13jähriger zum ersten Male auf sich aufmerksam machte. Der fesselnde Report einer Schachkarriere.

Kleine Schachbücherei Band 17
Paul Keres
Ausgewählte Partien 1959—1974 und der
Versuch einer Biographie
von Erich Carl
176 S. - Fotos - Diagr. - kart. **DM 14,80**

Großmeister Paul Keres, einer der erfolgreichen Schachmeister aller Zeiten, gab selbst seine besten Partien von 1931—1958 heraus. Die vorliegende Sammlung schließt lückenlos von 1959 bis zu seinem Tode (1975) an.
Der Autor dieses Büchleins verwendet die Originalkommentare des Großmeisters. Zudem werden die wichtigsten Stationen der großartigen Karriere aufgezeigt.

Joachim Beyer Verlag — 8607 Hollfeld/Ofr.

Schachweltmeisterschaft 1978

Karpow — Kortschnoi

von Manfred van Fondern/Dr. Peter Beyersdorf

224 Seiten — illustriert — 2. Auflage — Leinen **DM 25,—**

Die Autoren, ein Schachkenner und ein Journalist, geben einen umfassenden Überblick über den WM-Zyklus 1976—78. Von den Interzonenturnieren Manila und Biel werden die sechs besten Partien geboten, sämtliche Kandidatenkämpfe sind vollständig kommentiert, ebenso wie die Partien des Finalkampfes Karpow — Kortschnoi.

Schachweltmeisterschaft 1981

Karpow — Kortschnoi

von Dr. Peter Beyersdorf/Vladimir Budde/Lothar Nikolaiczuk

272 Seiten — Fotos — Diagramme — Leinen **DM 29,80**

Der rein schachliche Teil bringt Eröffnungsbetrachtungen, Analysen und Partiekommentare von seltener Ausführlichkeit und Tiefe. Chronologisch werden über 80 Partien von den Interzonenturnieren in Riga und Rio de Janeiro, von sämtlichen Kandidatenkämpfen, vom spektakulären und tragischen Verlauf des Kandidatenfinales zwischen Dr. Robert Hübner und Viktor Kortschnoi in Meran und schließlich vom Finalkampf der Erzrivalen aufgezeichnet und bearbeitet.

Schachweltmeisterschaft 1984 NEU

Anatoli Karpow — Garri Kasparow

von Vladimir Budde/Lothar Nikolaiczuk

ca. 272 S. — Fotos — Diagramme — gebunden ca. **DM 29,80**

Interzonenturniere — Kandidatenturniere — Titelkampf

Ähnlich wie bei den Bäden 1978 und 1981 auch hier wieder die Arbeitsteilung zwischen zwei deutschen Meisterspielern.

Kleine Schachbücherei, Band 20

NEU

Garri Kasparow *von Vladimir Budde*

ca. 160 Seiten — Fotos — Diagramme — kart. ca. **DM 14,80**

Unser Ziel ist es, das aktuellste und auch das beste deutschsprachige Buch über Garri Kasparow herauszubringen.

Das Buch beinhaltet außer den noch zu spielenden Weltmeisterpartien, die in Kurznotation aufgenommen werden, 40 Partien, wobei etwa 26 Partien aus dem Zeitraum 1982 bis 1984 stammen. Zwei Bundesligaspieler arbeiten bei der Erstellung des Bandes mit.

Joachim Beyer Verlag · 8607 Hollfeld/Ofr. · Postfach 1240 · Tel. (09274) 401

Kleine Schachbücherei

Zu erschwinglichen Preisen wird in dieser Reihe für jeden Schachspieler, Anfänger oder Fortgeschrittenen ein reichhaltiges Angebot an fesselnder Lektüre über verschiedene Themen des „Königlichen Spiels“ geboten.

Band 1 Manfred van Fondern
Tips für Anfänger
Eine Einführung für den Laien

Band 2 Manfred van Fondern
Tips für Fortgeschrittene
Eine Einführung für den Schachspieler in das Turnierspiel

Band 4 **Meisterpartien 1960 bis 1975**
Die schönsten Partien der letzten Jahre haben der Großmeister H. J. Hecht und der nationale Schiedsrichter Manfred van Fondern mit vielen Kommentaren versehen und zu einem spannenden Bericht zusammengestellt.

Band 5 Manfred van Fondern/Ralph Mallée
Eröffnungen – Offene Spiele
In dem Band „Offene Spiele“ befassen sich die Autoren, darunter ein deutscher Nahschach- und Fernschachmeister, mit allen Eröffnungsvarianten, die nach den einleitenden Zügen 1. e4 e5 denkbar sind. Dabei wird vor allem der „Königin der Eröffnungen“, der Spanischen Partie, allergrößte Aufmerksamkeit gewidmet.

Band 6 Otto Borik
Eröffnungen: Halboffene Spiele
Der Autor des Buches ist internationaler Meister und mehrfaches Mitglied der deutschen Olympiamannschaft, der in Fachkreisen als exzellenter Eröffnungskenner gilt.

Band 7 Manfred van Fondern/Ulrich Nehmert
Eröffnungen: Geschlossene Spiele
Abgerundet wird die Eröffnungsreihe mit dem Band „Geschlossene Spiele“, der sich mit allen Spielanfängen nach Zügen wie 1. d4, 1. c4, 1. Sf3, 1. f4 u. ä. beschäftigt. Dabei wird das klassische Damengambit genauso gründlich untersucht wie alle „Indischen“ Spielweisen.

Band 9 Hans-Joachim Hecht
Schach- und Turniertaktik
Aus der Praxis für die Praxis geschrieben. Anregungen und Ausführungen eines Großmeisters.

Band 10 Manfred van Fondern
Roman Dzindzichasvilli: Sein Aufstieg zur Weltspitze
Der Globetrotter in Sachen Schach ist durch seinen furiosen Spielstil bekannt, wie es die 35 in dieser Sammlung ausführlich kommentierten Partien nachdrücklich unterstreichen.

Band 11/12 Manfred van Fondern/Peter Kleine
Robert Hübner
60 seiner schönsten Partien
Hier zeichneten die Autoren dieser Partiesammlung ein schachliches Porträt von dem Spieler, der bis dato den Ruf des „stärksten Amateurs der Welt" genoß. Geboten werden seine besten Partien (allesamt kommentiert) seit 1961, seit dem Zeitpunkt also, wo er als 13jähriger zum ersten Male auf sich aufmerksam machte.

Band 13 Vl. Budde/Erich Carl/Peter Kleine
Perlen der Schachspielkunst
60 der größten Schachmeister aller Zeiten – von Philidor 1726–1795, bis Karpow, dem heutigen Weltmeister – werden in 60 Partien vorgestellt.
Das schönste Schach, das je gespielt wurde.
Ein Buch zum Nachspielen. Die Partien werden jedem Schachspieler als Ansporn für sein Spiel dienen.

Band 14 Lothar Nikolaiczuk
Keine Angst vor Endspielen
Die bei fast jedem Lernenden anzutreffende Endspielangst ist dem Autor, der seit vielen Jahren als Schachspiellehrer und -trainer mit der pädagogischen Seite des Spiels vertraut ist, von daher zur Genüge bekannt.

Band 15 Vladimir Budde
Vom Mittelspiel ins Endspiel
In vier Kapiteln werden Partien zu den Komplexen Doppelbauer, Isolierter Damenbauer, Raumvorteil im Bauerngerüst und verteilte Bauernmehrheiten

vorgestellt. Die Schwierigkeiten im Kampf mit ungleichfarbigen Läufern, dem Läuferpaar und in Symmetriestellungen werden in drei weiteren Kapiteln behandelt.

Band 16 Bernd Feustel
Kleines Blitzschachbrevier
Ein Blitzschachspiel – beliebt bei allen Schachfreunden – wird erstmalig in diesem Buch in seiner Eigenständigkeit und Eigengesetzlichkeit dargestellt.

Band 17 Erich Carl
Paul Keres
Ausgewählte Partien 1959–1974 und der Versuch einer Biographie
Großmeister Paul Keres, einer der erfolgreichsten Schachmeister aller Zeiten, gab selbst seine besten Partien von 1931–1958 heraus. Die vorliegende Sammlung schließt lückenlos von 1959 bis zum seinem Tode (1975) an.

Band 18 Günter Lossa
200 Schachrätsel
Kapriolen auf dem Schachbrett

Band 19 Vladimir Budde
Zur Praxis der Turmendspiele
In diesem Buch werden in zehn Lektionen, gegliedert nach drei Schwerpunkten, Bausteine zum Verständnis der Turmendspiele vorgestellt.

Band 20 Vladimir Budde
Garri Kasparov
Das „Idol der Jugend", wie man den Herausforderer des Schachweltmeisters nennt, wird im Buch vorgestellt. Seine schönsten und besten Partien, kommentiert – teilweise Originalkommentare – von Garri Kasparow.

Weitere Bände in Vorbereitung!

Joachim Beyer Verlag – 8607 Hollfeld